2판 2쇄 발행 2023년 5월 20일

글쓴이	정유리
그린이	최보윤
펴낸이	이경민
펴낸곳	㈜동아엠앤비
출판등록	2014년 3월 28일(제25100-2014-000025호)
홈페이지	www.moongchibooks.com
주소	(03972) 서울특별시 마포구 월드컵북로22길 21, 2층
전화	(편집) 02-392-6901 (마케팅) 02-392-6900
팩스	02-392-6902
전자우편	damnb0401@naver.com
SNS	

ISBN 979-11-6363-233-7 (74400)
　　　979-11-6363-232-0 (세트)

※ 책 가격은 뒤표지에 있습니다.
※ 잘못된 책은 구입한 곳에서 바꿔 드립니다.
※ 이 책에 실린 사진은 위키피디아, 셔터스톡에서 제공받았습니다.

초등 융합 사회과학 토론왕 시리즈의 출판 브랜드명을 과학동아북스에서 뭉치로 변경합니다.
도서출판 뭉치는 ㈜동아엠앤비의 어린이 출판 브랜드로, 아이들의 지식을 단단하게 만들어 주고, 아이들의 창의력과 사고력을 키워 주어 우리 자녀들이 융합형 창의 사고뭉치로 성장할 수 있도록 좋은 책을 만들겠습니다.

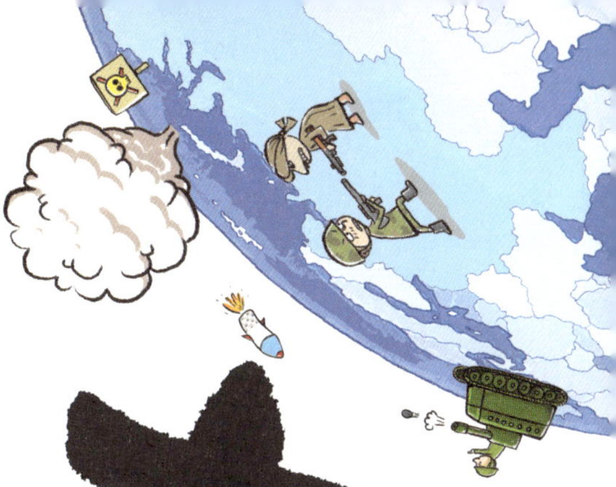

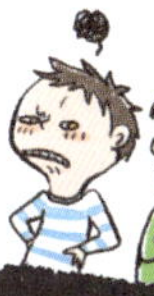

시끌시끌 지구촌 민족 이야기

글쓴이 **정유리** | 그린이 **최보윤**

뭉치 MoongChi Books

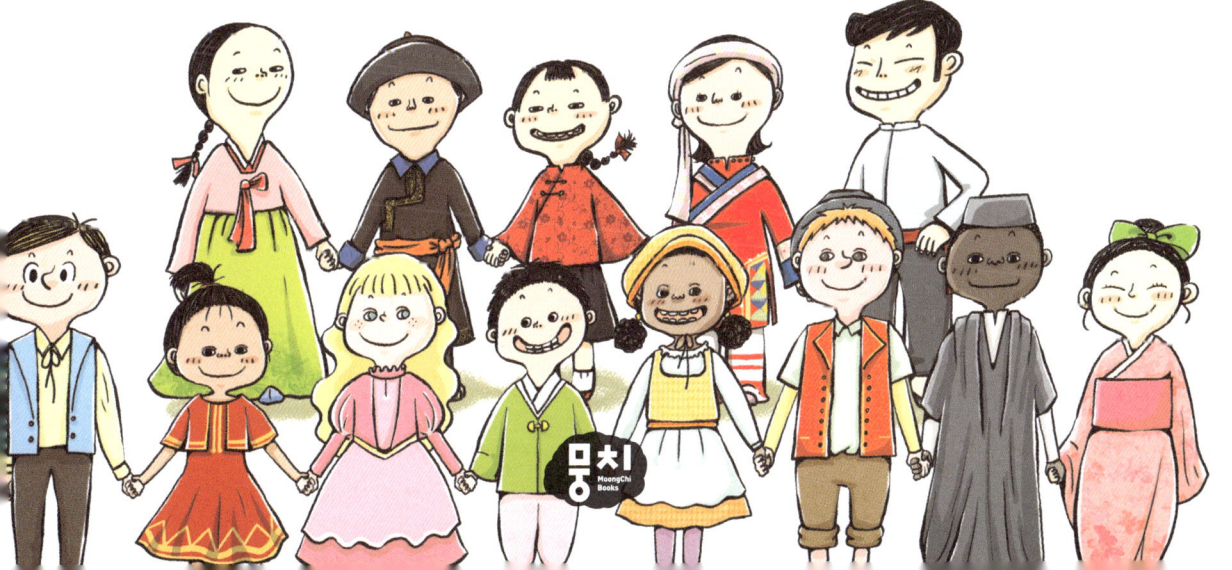

펴내는 글

우리나라는 단일 민족 국가일까?
인종 차별을 어떻게 해결할 수 있을까?

선생님의 질문에 교실은 일순간 조용해지기 시작합니다. 인내심이 한계에 다다른 선생님께서 콕 집어 누군가의 이름을 부르는 순간 내가 걸리지 않았다는 안도감에 금세 평온을 되찾지요. 많은 사람 앞에서 어떻게 말을 해야 할까 고민 한번 해 보지 않은 사람은 없을 겁니다.

사람들 앞에서 자신의 생각을 조리 있게 전달하는 기술은 국어 수업 시간에만 필요한 것이 아닙니다. 학교 교실뿐만 아니라 상급 학교 면접 자리 또는 성인이 된 후 회의에서도 자신의 의견을 분명히 표현할 수 있어야 합니다. 하지만 어디서부터 시작해야 할지 몰라 입을 떼는 일이 쉽지 않습니다. 혀끝에서 맴돌다 삼켜 버리는 일도 종종 있습니다. 얼떨결에 한마디 말을 하게 되더라도 뭔가 부족한 설명에 왠지 아쉬움이 들 때도 많습니다.

논리적 사고 과정과 순발력까지 필요로 하는 토론장에서 자신만의 목소리를 내려면 풍부한 배경지식은 기본입니다. 게다가 고학년으로 올라가서 배우는 수업과 진학 시험에서의 논술은 교과서 속의 내용만을 요구하지 않습니다. 또한 상대의 의견을 받아들이거나 비판하기 위해서도 의견의 타당성과 높은 수준의 가치 판단을 해야 하는 경우가 많은데, 자신의 입장을 분명히 하기 위해선 풍부한 자료와 논거가 필요합니다.

　토론왕 시리즈는 사회에서 일어나는 다양한 사건과 시사 상식 그리고 해마다 반복되는 화젯거리 등을 초등학교 수준에서 학습하고 자신의 말로 표현할 수 있도록 기획되었습니다. 체계적이고 널리 인정받은 여러 콘텐츠를 수집해 정리하였고, 전문 작가들이 학생들의 발달 상황에 맞게 스토리를 구성하였습니다. 개별적으로 만들어진 교과서에서는 접할 수 없는 구성으로 주제와 내용을 엮어 어린 독자들이 과학적 사고뿐만 아니라 문제 해결력, 비판적 사고력을 두루 경험할 수 있도록 하였습니다. 폭넓은 정보를 서로 연결 지어 설명함으로써 교과별로 조각나 있는 지식을 엮어 배경지식을 보다 탄탄하게 만들어 줍니다. 뿐만 아니라 국어를 기본으로 과학에서부터 역사, 지리, 사회, 예술에 이르기까지 상식과 사회에 대한 감각을 익히고 세상을 올바르게 바라보는 눈도 갖게 할 것입니다.

　『시끌시끌 지구촌 민족 이야기』의 주인공 다름이는 미국에서 온 이모부 가족과 함께 지구촌 캠프를 떠납니다. 그곳에서 프랑스, 남아프리카공화국, 중국, 영국 등 여러 나라 친구들과 함께 국가, 민족, 인종에 관한 개념을 배우고 집단 간 갈등과 분쟁이 어디서 어떻게 일어나고 있는지 알게 됩니다. 또 인종 차별 폐지를 위해 목숨을 바친 인권 운동가와 만나 이야기를 나눕니다. 이 책을 통해 세계 곳곳의 다양한 나라들과 민족, 분쟁과 해결책에 대한 자신만의 생각을 정리할 수 있기를 기대해 봅니다.

편집부

차례

펴내는 글 · 4

미국에서 온 이모 가족 · 8

프롤로그 · 10

 ## 1장 국가를 이루는 것들 · 15

지구촌 캠프를 떠나다

다양한 나라에서 온 친구들

토론왕 되기! '단일 민족 의식'은 꼭 필요할까?

 ## 2장 세계 곳곳 다양한 민족 · 43

한울 박사님 등장!

현대는 인종 구분이 힘들어!

토론왕 되기! 초기 인류는 흑인이었다?

3장 곳곳에서 일어나는 분쟁 · 63

알리코와 레오의 다툼

인종차별 때문에 일어난 분쟁

다양한 분쟁의 이유

토론왕 되기! 분쟁으로 인한 올림픽 보이콧

4장 인권을 위해 힘쓰는 사람들 · 89

마틴 루터 킹의 연설

남아프리카공화국 최초의 흑인 대통령

루시와의 화해

토론왕 되기! 역사 속 오점으로 남은 과학, 우생학

지구촌 관련 사이트 · 117

어려운 용어를 파헤치자! · 118

신나는 토론을 위한 맞춤 가이드 · 120

🇺🇸 미국에서 온 이모 가족

🌏 프롤로그

　오늘은 미국에 사는 다름이 이모네 가족이 한국에 오는 날이다. 엄마는 아침부터 공항에 마중 나갈 준비로 바빴고, 따라가기로 한 다름이도 덩달아 정신이 없었다. 다름이는 졸린 눈을 비비며 겨우 일어나 밥을 먹고, 옷도 갈아입었다.

　이모는 대학 시절 만난 존 스미스라는 교환 학생, 그러니까 지금의 다름이 이모부와 결혼을 했다. 이모와 이모부는 미국으로 건너가 공부를 했고 대학에서 인류학을 가르치는 교수가 되었다. 그런데 이번에 두 분 모두 한국에 교환 교수로 초빙되면서 우리나라에서 1년 동안 지내기로 한 것이다.

　공항에 가는 내내 다름이는 긴장이 되었다. 사진으로밖에 본 적이 없는 이모부와 사촌 누나를 직접 만나는 날이기 때문이다.

'영어로 인사를 건네야 하나?'

걱정하는 다름이와는 달리 엄마는 오랜만에 친언니를 만난다는 기대에 들떠 있었다. 엄마는 공항에 도착하면서부터 손목시계와 비행기 착륙을 알려 주는 전광판을 번갈아가며 보느라 정신이 없었다.

"어? 저기 나온다!"

엄마가 출국하는 사람들 사이에서 이모를 발견하고는 소리쳤다. 다름이는 가슴이 콩닥거렸다. 이모부는 양팔을 벌려 밝게 인사했다. 다름이는 이모부의 따뜻한 포옹에 마음이 편안해지는 것 같았다.

"다름아, 안녕!"

그때 누군가 뒤에서 다름이를 와락 안았다. 깜짝 놀란 다름이가 뒤를 돌아보니 곱슬머리에 커다란 분홍색 핀을 꽂고 환하게 웃고 있는 사촌 누나 에이미가 서 있었다.

"다름아, 보고 싶었어."

그 옆에서 히죽히죽 웃고 있던 이모부는 까만 피부 때문인지 하얀 이가 더욱 도드라져 보였다. 이모부 뒤에 있던 이모가 앞으로 나와 엄마와 다름이에게 물었다.

"오랜만이구나. 잘 지냈니?"

"안녕하세요."

다름이가 주춤주춤 인사를 했다. 엄마는 마냥 반가운지 연신 싱글벙글 웃으며 말했다.

"피곤하겠지만 환영 파티는 해야지? 점심시간도 다가오니까 재미있는 구경도 하고 맛있는 음식도 먹을 수 있는 곳으로 가자."

엄마의 말에 이모가 박수를 치며 아이처럼 좋아했다.

"좋아, 한국 음식을 정말 먹고 싶었어. 얼른 가자."

이모네 가족을 태운 차는 한참을 달려 차는 이태원으로 들어섰다. 하늘에는 다양한 나라의 국기들이 바람에 펄럭이고 있었다.

"날씨도 좋은데 천천히 걸으면서 구경할까요?"

엄마가 뒷좌석에 앉은 이모부에게 물었다. 이모부는 에이미의 머리를 쓰다듬으며 대답했다.

"좋지요!"

거리 한쪽에서는 흥겨운 전통 음악이 흘러나왔고 다른 한쪽에서는 민속춤을 추면서 공연을 하는 사람들이 있었다. 거리에는 테이블과 의자가 놓여 있었고 다양한 피부색을 가진 사람들이 자기 나라의 전통 음식을 팔고 있었다. 이모부가 감탄을 했다.

"꼭 세계 여행을 떠난 기분인데."

다름이도 다른 나라에 온 기분이 들었다. 이리저리 둘러보느라 길을 잃을 뻔하기도 했다. 이태원은 마침 '지구촌 방방곡곡 축제' 기간이었다. 많은 사람이 자기 나라의 문화를 알리고 서로의 문화적 특징을 이해하고 화합하는 축제라고 했다. 엄마가 갑자기 외쳤다.

"우리 각자 먹고 싶은 나라 음식을 하나씩 사오는 게 어때?"

그러자 에이미가 다름이의 손을 잡더니 뛸 준비라도 하는 듯 발 앞꿈치를 바닥에 콩콩 찍었다.

"우리는 저기 터키 음식점에 다녀올게요. 아까부터 계속 맛있는 케밥 냄새가 솔솔 나서 당해낼 수가 없어요."

다름이는 에이미와 금방 친해질 것 같은 예감이 들었다. 다름이 역시 아까 고소한 케밥 냄새를 맡은 뒤부터 배에서 계속 꼬르륵 소리가 나서 먹고 싶다고 생각하던 참이었기 때문이다. 케밥을 사러가며 주변을 둘러보던 다름이는 문득 궁금해졌다.

'지구에는 얼마나 다양한 사람들과 나라들이 있을까?'

1장

국가를 이루는 것들

지구촌 캠프를 떠나다

 이모는 다름이네 근처로 이사를 왔다. 다름이는 틈만 나면 이모네 집에 놀러 갔다. 이모와 이모부 모두 인류학을 가르쳐서인지 거실에는 고대 유적을 찍은 사진, 원시인 그림, 뼈 모형 등 신기한 구경거리가 많았다. 게다가 그동안 동생이나 형, 누나가 없어서 심심했는데 살가운 사촌 누나가 생겨서 신이 났다. 에이미에게 어려운 한국어 발음을 가르쳐 주고 반대로 에이미로부터 영어 회화를 배우는 것도 즐거웠다. 엄마는 다름이가 학교에서 돌아오자마자 바로 이모 집으로 향할 때면 숙제는 하고 가느냐며 잔소리를 하는 날도 있었지만 종종 에이미와 나눠 먹을 간식을 챙겨 주셨다.

 토요일이라 학교에 가지 않은 다름이는 에이미와 함께 이모 집에서 피자를 만들어 먹고 있었다. 마침 외출을 했다 돌아온 이모부가 다름이에게 솔깃한 이야기를 꺼냈다.

"다름아, 며칠 뒤에 지구촌 캠프가 열린단다. 대한민국에서 살고 있는 여러 나라 친구들이 모여 함께 지구 곳곳의 나라에 관해 배우고 재미있는 게임도 할 거야. 이모부랑 이모, 에이미는 그 캠프에 참가할 건데 다름이도 함께 가지 않을래? 다른 나라 친구들도 많이 만나고 사귈 수 있을 거야. 엄마한테는 이모부랑 이모가 말할게."

"네!"

다름이는 망설일 겨를도 없이 냉큼 대답을 했다. 이모가 엄마한테 말한다면 무조건 허락받을 수 있을 것이다. 캠프에 가는 것도 좋지만 실은 학원에 가지 않아도 된다는 사실이 더 기뻤다. 숙제가 많이 밀려서 매일같이 학원 선생님께 혼나던 참이었다. 다름이는 방학보다 지구촌 캠프가 더 기다려졌다. 에이미는 지구촌 캠프가 열리는 대학교에 커다란 실내 체육관이 있어 농구든 축구든 마음껏 할 수 있다는 이야기도 해 주었다. 다름이는 신 나게 놀 생각에 콧노래가 절로 나왔다.

드디어 지구촌 캠프에 가는 날 아침, 다름이는 스스로 일어나 누가 시키지 않아도 세수를 하고 밥을 먹었다. 엄마는 그런 다름이를 신기한 듯 바라보았다.

"잘 먹었습니다! 그럼 다녀올게요!"

자기 덩치보다도 큰 가방을 메고 있는 다름이를 보고 엄마는 고개를 내저었다.

"이게 다 뭐야? 꼭 필요한 것만 챙긴 것 맞아?"

"당연하죠. 카메라, 잠옷, 농구공, 축구공, 야구공, 글러브……. 아무튼 필요한 것만 챙겼어요. 이모랑 같이 가는 거니까 걱정하지 마세요!"

다름이는 뒤도 돌아보지도 않고 문밖으로 쌩 나가 버렸다. 그리고 이모 집까지 후다닥 달려갔다. 이모 가족도 캠프를 떠날 채비를 마치고 다름이를 기다리고 있었다. 짐을 한가득 들고 있는 이모부가 다름이에게 일러두었다.

"다름아, 나중에 알게 되겠지만 이모랑 나는 지구촌 캠프에서 선생님 역할을 할 거야. 그러니 날 보더라도 이모부가 아닌 '존 선생님'이라고 불러 주렴. 알았지?"

"알겠어요, 이모……, 아니 존 선생님! 헤헤."

대학교 운동장은 이미 지구촌 캠프 참가자들로 가득했다. 커다란 버스도 여러 대 와 있었다. 다름이는 주변을 이리저리 둘러보다가 한 여자아이와 눈이 마주쳤다. 다름이는 움찔하더니 손등으로 눈을 비비고 다시 여자아이를 쳐다보았다. 문화센터에서 함께 그림을 배우는 루시 같았다. 아니, 새하얀 얼굴에 양볼 가득한 주근깨가 가득한 걸 보아 루시가 분명했다.

'으악, 제발 아니었으면 좋겠다.'

다름이는 한 달 전 루시와 다투었다. 원인은 다름이의 말실수였다. 다름이도 고의로 그런 것이 아니라서 억울했다. 문화센터에서 그림을 그리는 아이들 중에 루시는 영국에서 온, 유일한 외국인이었다.

"쟤 봐, 얼굴이 마치 밀가루 반죽에 참깨를 뿌린 것 같아."

다름이가 옆에 앉은 아이에게 속삭이며 한 말이 루시 귀에도 들어가고 말았다.

"뭐? 참깨라고?"

루시는 친구들 앞에서 버럭 화를 내고는 단단히 토라졌다. 무안해진 다름이도 그만 신경질을 내고 말았다.

"농담인데 뭘 그렇게 화를 내냐?"

나중에야 들은 이야기지만 루시는 자신의 주근깨를 놀리는 걸 굉장히 싫어했다. 다름이는 사과를 해야겠다고 마음을 먹었지만 생각처럼 쉽지 않았다. 고민하는 사이 시간이 점점 흐르고 둘 사이는 더 불편해졌다.

'캠프 내내 어색하게 지내지 않으려면 화해를 해야 할 텐데……'

다름이는 한숨을 내쉬었다.

다양한 나라에서 온 친구들

버스는 고속도로를 벗어나 울퉁불퉁한 길로 접어들었다. 한 시간쯤 흘러 나무가 우거지고 풀잎들이 햇살을 받아 반짝이는 목적지에 도착했다.

"지구촌 캠프는 조를 나누어서 프로그램을 진행합니다. 각자 숙소에 가서 짐을 풀고 배정받은 조가 모이는 교실로 바로 이동해 주세요."

진행 요원을 맡은 한 선생님이 버스에서 내리는 아이들에게 말했다.

숙소 방문 옆에는 참가자 이름별로 배정받은 조가 보기 좋게 정리되어 붙어 있었다. 다름이와 에이미는 A조였다. A조 교실의 문을 열자 이미 몇몇 아이들이 모여 수다를 떨고 있었다. 다름이는 루시와 눈이 마주쳤다.

'앗, 같은 조잖아? 어떡하지?'

다름이가 안절부절 못하고 있는 사이 존 선생님이 교실로 들어왔다.

"안녕 애들아, 나는 A조를 담당하는 존이라고 한단다. 만나서 반갑구나. 자, 먼저 우리 돌아가면서 간단하게 자기소개를 할까?"

에이미가 먼저 자리에서 당차게 일어났다.

"나는 며칠 전 미국에서 온 에이미라고 해. 우리 아빠는 미국인, 우리 엄마는 한국인인데 두 분은 한국에서 처음 만나셨어. 그래서 한국은 내 고향이기도 해. 나는 부모님처럼 인류학자가 되는 게 꿈이야. 친하게 지내자."

그다음은 루시 차례였다.

"안녕, 내 이름은 루시. 영국에서 왔어. 아빠와 엄마는 한국에서 레스토랑을 하셔. 캠프에 오면 나와 비슷한 친구들을 만날 수 있을 것 같아서 신청했어. 아직 한국에 대해 모르는 것도 많고 다른 친구들은 어떻게 한국 문화에 적응하고 있는지 궁금하기도 해서 말이야. 우리 즐겁게 지내자."

루시가 앉자마자 한 남자아이가 벌떡 일어나 자랑스러운 듯 큰 목소리로 말했다.

"난 알리코. 남아프리카공화국에서 왔어. 모두들 잘 알고 있겠지? 2010년에 월드컵이 열린 곳 말이야, 헤헷!"

차례차례 아이들의 소개가 끝나고 마지막으로 다름이가 일어나 씩씩하게 말했다.

"나는 다름이라고 해. A조에서는 유일한 한국인이야. 내 꿈은 세계 일주를 하는 거야! 그 전에 다양한 나라에서 온 친구들을 사귀어 보는 것도 좋을 것 같아서 캠프에 참여했어. 한국에 대해 궁금한 게 있으면 뭐든지 나에게 물어봐도 돼."

다름이가 자리에 앉자 존 선생님이 두 손을 모으고 아이들을 둘러보았다.

"모두들 다양한 국가에서 왔구나. 이제 자기소개가 끝났으니 본격적으로 수업을 시작해 보도록 하자. 다름아, 친구들한테 도화지를 좀 나눠 줄래?"

다름이가 존 선생님에게 건네받은 도화지를 아이들에게 한 장씩 나눠주고 있는데 루시가 다름이에게 다가오더니 낚아채듯 도화지 한 장을 휙 하고 가져가 제자리에 앉았다. 다름이는 속이 부글부글 끓었지만 아무렇지도 않은 듯 다른 아이들에게 도화지를 나눠주었다.

'흥, 내가 사과를 하나 봐라.'

존 선생님은 크레파스 몇 세트를 나누어 주고는 아이들에게 자기 나라 국기를 그려보라고 했다. 아이들은 집중해서 그림을 그리기 시작했다. 다름이는 태극문양을 막힘없이 그리고 색칠을 했다.

'여기서 매일 헷갈린단 말이야……'

태극기의 역사

우리나라의 국기 제정은 고종 19년(1882년)에 이루어졌다. 당시 청나라가 조선 정부에 자기 나라의 국기를 약간 변형하여 사용하라고 요구하자 이를 거부하고 우리 민족이 예로부터 즐겨 사용해 오던 태극 문양을 그려 넣은 '태극 도형기'를 임시 국기로 사용하였다. 같은 해 9월, 고종의 명을 받아 일본으로 가던 박영효는 배 위에서 태극 문양 둘레에 건곤감리 4괘를 그려 넣은 기를 만들었다. 지금의 태극기 모양은 1948년 8월 15일, 대한민국 정부가 수립되면서 확정된 것이다.

초기 태극기(1882년)

다름이는 건곤감리 태극기 모서리에 있는 4개의 기호 순서를 고민하다 존 선생님에게 눈짓을 보냈다. 다행히 존 선생님이 아이들 몰래 손가락으로 신호를 보내 주어 태극기가 완성되었다.

'휴, 큰일 날 뻔했다.'

다름이는 아이들을 둘러보았다. 운동회 만국기에서 자주 보던 국기도 있었지만 난생처음 보는 국기도 있었다. 한 사람도 빠짐없이 그림을 그리자 존 선생님은 각자 그린 국기를 들고 서 있도록 했다.

"너희가 그린 국기는 한 국가를 상징하는 역사, 문화, 국민성 등을 일정한 형식으로 나타낸 깃발이란다. 예를 들어, 너희들이 지금 살고 있는 한국의 태극기를 예로 들어 보자."

존 선생님은 다름이가 그린 국기를 들고 설명을 이어갔다.

"태극기의 흰 바탕은 밝음과 순수, 평화를 나타내지. 그리고 가운데 태극 문양의 파랑과 빨강은 조화를, 모서리에 있는 건곤감리라고 하는 막대 모양은 각각 세상을 이루는 하늘, 땅, 물, 불을 상징한단다."

다름이는 태극기에 이렇게 많은 의미가 담겨있는지 미처 몰랐다. 존 선생님의 설명을 듣고 나서 태극기를 제대로 그리지 못했던 자신이 왠지 부끄러웠다.

"자, 그렇다면 국가란 무엇일까?"

교실 안에는 침묵이 흘렀다. 다름이는 갑자기 궁금해졌다. 뉴스와 인터넷, 사회 시간에도 국가라는 단어를 자주 접했는데 막상 설명하려고 하니 말문이 막혔다. 아무도 대답을 하지 못하자, 존 선생님이 입을 열었다.

"다들 올림픽이나 월드컵 본 적 있지?"

"네!"

아이들은 그제야 크게 대답을 했다.

"여러 국가가 모여서 하는 대표적인 행사지. 지구에는 약 230여 개 정도의 국가가 있어. 내가 태어난 미국과 지금 살고 있는 한국은 아메리카와 아시아 대륙에 위치한 별개의 국가란다."

다름이가 혼잣말로 중얼거렸다.

"내 이름을 딴 다름국이 있었으면 좋겠다."

이 말을 들은 존 선생님이 어깨를 들썩거리며 하하 웃음을 터트렸다.

"국가가 성립하기 위해서는 적어도 세 가지 조건을 갖춰야 한단다.

첫 번째로 영토. 한국, 일본, 필리핀은 물론 미국도 일정한 영토가 있지? 국가마다 영토의 크기는 제각각이지만 말이야. 다음으로 뭐가 필요할까?"

어려운 질문이었던지 여기저기서 술렁이기 시작했다.

"사람?"

에이미가 고개를 갸우뚱하며 자신 없는 목소리로 말했다. 존 선생님은 그 소리를 놓치지 않고 손뼉을 치고는 한 손가락으로 에이미를 가리켰다.

"맞아! 사람, 곧 그 영토에 사는 국민이지."

존 선생님은 강당 구석에 놓여있던 지구본을 가지고 오더니 아이들 앞에 내려놓았다.

"국민은 국가를 구성하는 일원이야. 그럼 여기서 퀴즈를 내 볼까? 가장 먼저 맞추는 사람에게 선물을 줄게. 지구에서 가장 큰 영토를 가지고 있는 국가를 찾아보렴."

아이들은 모두 지구본 앞으로 우르르 몰려왔다. 선물이라는 말에 귀가 솔깃해진 다름이는 두 눈을 크게 뜨고 지구본을 살펴보았다. 첫 눈에 띄는 커다란 나라가 있었다. 다름이는 손을 번쩍 들고 정답을 외쳤다.

"러시아!"

존 선생님은 엄지를 치켜세웠다.

"좋아!"

다름이는 선물을 잔뜩 기대하며 존 선생님을 바라보았다. 하지만 존 선생님은 한쪽 눈을 찡긋할 뿐이었다.

"다름이에게는 나의 매력적인 윙크를 선물로 주지."

실망하는 다름이를 보며 아이들은 웃음을 터뜨렸다. 존 선생님은 질문을 이어갔다.

"이번에는 가장 작은 영토를 가지고 있는 국가를 찾아볼래?"

아이들은 몇 번이나 지구본을 돌리면서 샅샅이 뒤졌지만 쉽게 찾을 수 없었다.

"어려워요! 너무 작아서 안 보이나 봐요."

루시가 실망한 목소리로 말했다. 존 선생님은 지구본을 쓱 한 번 훑더니 한 곳을 손가락으로 짚으며 말했다.

"여기는 바티칸 시국이라는 이탈리아 안에 있는 도시 국가란다. 면적이 $0.44km^2$밖에 되지 않아. 축구장 60개를 합친 넓이에 불과하지."

"그렇게 작은 영토를 가지고 있어도 국가가 된다는 말씀이세요?"

다름이는 놀란 표정으로 물었다.

"물론. 바티칸 시국은 영토가 작지만 엄연히 국민들이 살고 있어.

국민들이 없는 땅은 무인도와 다를 게 없단다. 국가의 주인은 국민이니까."

"그럼 국가에 살고 있는 사람이면 누구나 국민인가요?"

알리코가 눈을 반짝이며 물었다.

"음, 그건 아니야. 다른 나라에서 무조건 오랜 기간 살았다고 해서 그 나라의 국민이라고 할 수는 없어."

아이들은 고개를 끄덕였다.

"국민은 국가의 법에 따라 자격이 되는 개인을 가리킨단다. 보통 국적은 태어날 때 주어지지. 미국에서 태어나면 미국 사람, 한국에서 태어나면 한국 사람! 하지만 원한다면 국적을 바꿀 수도 있어. 외국인의 신분이지만 그 나라가 요구하는 자격을 갖추면 법에 따라 귀화다른 나라의 국적을 얻어 그 국민이 됨를 할 수 있거든."

알리코가 생각에 빠진 듯 고민을 하더니 입술을 쭉 내밀고 말했다.

"선생님, 국가가 되려면 세 가지가 필요하다고 하셨는데 국가, 국민, 마지막 하나는 도저히 모르겠어요."

존 선생님은 기특하다는 눈길로 바라보며 말했다.

"완전한 국가가 되기 위한 마지막 조건, 바로 주권이란다. 주권은 국민이 국가를 다스릴 수 있는 권력을 말해. 또한 다른 국가들한테 자주성과 독립성을 인정받는 힘이기도 하지. 이렇게 세 가지 요소를 갖

취 성립된 국가는 법과 제도로 사회의 질서를 지키고 국민의 행복을 위해 노력한단다."

다름이는 갑자기 아빠 엄마가 보고 싶었다.

"국가는 꼭 우리 부모님 같아요. 부모님께서도 저의 행복을 위해 해주시는 게 정말 많거든요. 밤늦게 놀거나 학원 마치고 집에 올 때 위험하다고 데리러 오시고 감기에 걸리거나 아플 때면 옆에서 보살펴

땅의 크기는 달라도 국가의 3요소를 다 갖추었지!

세계에서 가장 작은 나라
약 0.49 ㎢

바티칸

러시아

세계에서 가장 큰 나라
약 17,098,246 ㎢

주시고 말이에요."

다름이의 말을 듣고 존 선생님이 한 가지 제안을 했다.

"좋은 비유구나. 그럼 국가가 구체적으로 국민에게 어떤 일을 해 주는지 생각해 볼까? 내가 많이 쓰는지 너희들이 많이 쓰는지 내기하자!"

"또 선물을 윙크로 넘어가시려는 건 아니죠?"

다름이는 중얼거리며 아이들과 머리를 맞대고 고민을 시작했다. 여러 명이 함께 모이니 답이 쓱쓱 나왔다.

- 군인, 경찰 아저씨들이 국민이 안전하게 지낼 수 있도록 보호한다.
- 여기저기 이동하기 쉽도록 도로나 공항 등을 만든다.
- 우리들이 학교에서 공부를 할 수 있도록 한다.

에이미가 다름이에게 속삭였다.

"우리가 이길 것 같지 않아?"

그때 존 선생님이 말했다.

"하나, 둘, 셋 하면 서로 보여주는 거다. 하나, 둘, 셋!"

다름이는 자신 있게 종이를 들었다. 하지만 역시 존 선생님을 당해낼 수는 없었다.

- 외국에서 국민이 어려움에 처했을 때 도움을 준다.
- 국민들이 안정적인 생활을 할 수 있도록 물가를 조절한다.
- 법을 만들어 사회의 질서를 지킨다.
- 가난한 사람들이 기본적인 생활을 할 수 있도록 도와준다.
- 개인이나 집단 간에 일어나는 갈등을 조정한다.
- 환경 보전 및 오염 방지에 관한 일을 한다.

존 선생님은 간단하게 정리를 해 주었다.

"짧은 시간에 세 가지나 썼구나. 모두들 잘했어. 국가는 국민의 뜻을 반영해 모두가 잘 살 수 있도록 끊임없이 사회를 발전시키는 역할을 한단다."

일본에서 온 치에코가 씩씩하게 질문을 했다.

"그럼 반대로 국민은 국가를 위해 어떤 일을 하나요?"

다름이는 며칠 전 주민세를 내러 은행에 들렸던 엄마가 떠올랐다.

"돈을 내는 것 같던데……."

"돈?"

치에코가 이해가 안 된다는 표정으로 다름이를 바라보자 에이미가 입술을 옴짝달싹 거렸다. 이 모습을 본 존 선생님이 에이미에게 기회를 주었다.

"에이미가 한번 설명을 해볼까? 친구들한테 이것저것 알려주고 싶다고 공부를 엄청 많이 하고 온 것 같던데?"

에이미는 떨리는지 심호흡을 하고 일어섰다.

"다름이가 아까 말했던 것처럼 세금을 내야 하는 의무도 있어. 물론

국민의 의무와 권리

국민은 한 국가의 구성원으로서 권리뿐 아니라 의무도 함께 가진다. 우리나라 국민이 누릴 수 있는 권리와 지켜야 할 의무에는 무엇이 있는지 살펴 보자.

권리
- **자유권** 국가로부터 간섭을 받지 않고 행동하고 생각할 수 있는 권리
- **평등권** 성별, 종교 또는 사회적 신분에 의하여 차별받지 않을 권리
- **사회권** 인간답게 살 수 있도록 국가에 요구할 수 있는 권리
- **청구권** 국민이 국가에 어떤 일을 해달라고 하는 권리로 재판을 받을 수 있는 권리가 여기에 속한다.
- **참정권** 국민이 정치에 참여할 수 있는 권리

의무
- **국방의 의무** 나라를 지키는 의무
- **납세의 의무** 국가를 운영하는 데 필요한 세금을 내는 의무
- **교육의 의무** 일정한 교육을 받아야 하는 의무
- **근로의 의무** 일을 해야 하는 의무

세금 대부분은 다시 국민을 위한 사업에 사용해. 어두운 골목에 가로등을 설치한다든가 도로를 정비한다든가 그런 일들 말이야. 그리고 국민은 국가를 지킬 의무가 있어. 우리가 평화롭게 지내기 위해서 뿐만 아니라 역사, 문화 등을 보존하기 위해서 말이야. 또 국가의 미래를 위해 교육을 받아야 할 의무도 있어. 일을 해야 하는 의무도 있어. 일을 하지 않는다면 먹고 살기 힘들 뿐만 아니라

국가도 발전할 수 없을 거야."

다름이는 입이 떡 벌어졌다.

"국가랑 국민의 역할이 이렇게 중요한 줄 몰랐어요."

알리코가 양손으로 머리를 부여잡았다.

"으악, 복잡해서 정리가 안 돼."

존 선생님이 알리코의 머리를 쓰다듬었다.

"걱정하지 마. 캠프가 끝날 때 즈음이면 모두들 척척박사가 되어 있을 테니까."

딩동댕 점심시간을 알리는 종이 울렸다. 아이들은 배가 고팠는지 우르르 식당으로 향했다. 다름이는 옆을 지나치는 루시에게 말을 걸어 볼까 고민을 했지만 아까 도화지를 빼앗다시피 가져간 것이 떠올라 그만두었다.

큰 나라 작은 나라

지구상에는 크고 작은 여러 나라가 있습니다. 세계 지도에서 금방 눈에 띠는 나라가 있는 반면에 아무리 눈을 크게 뜨고 찾아봐도 잘 보이지 않는 나라도 있지요. 그럼 큰 면적을 차지하는 나라들과 작지만 당당한 국가를 이루고 있는 나라들을 알아봅시다.

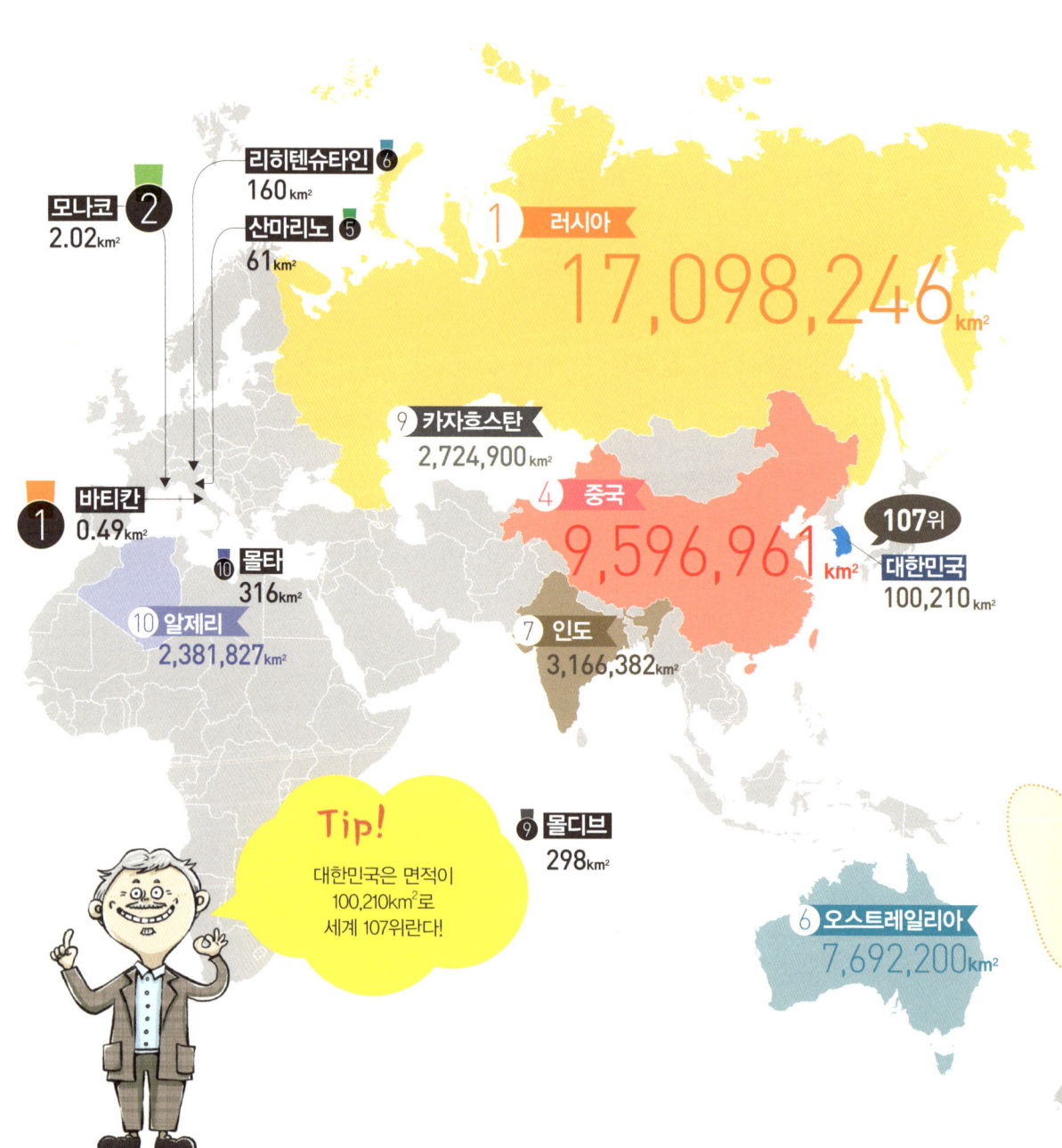

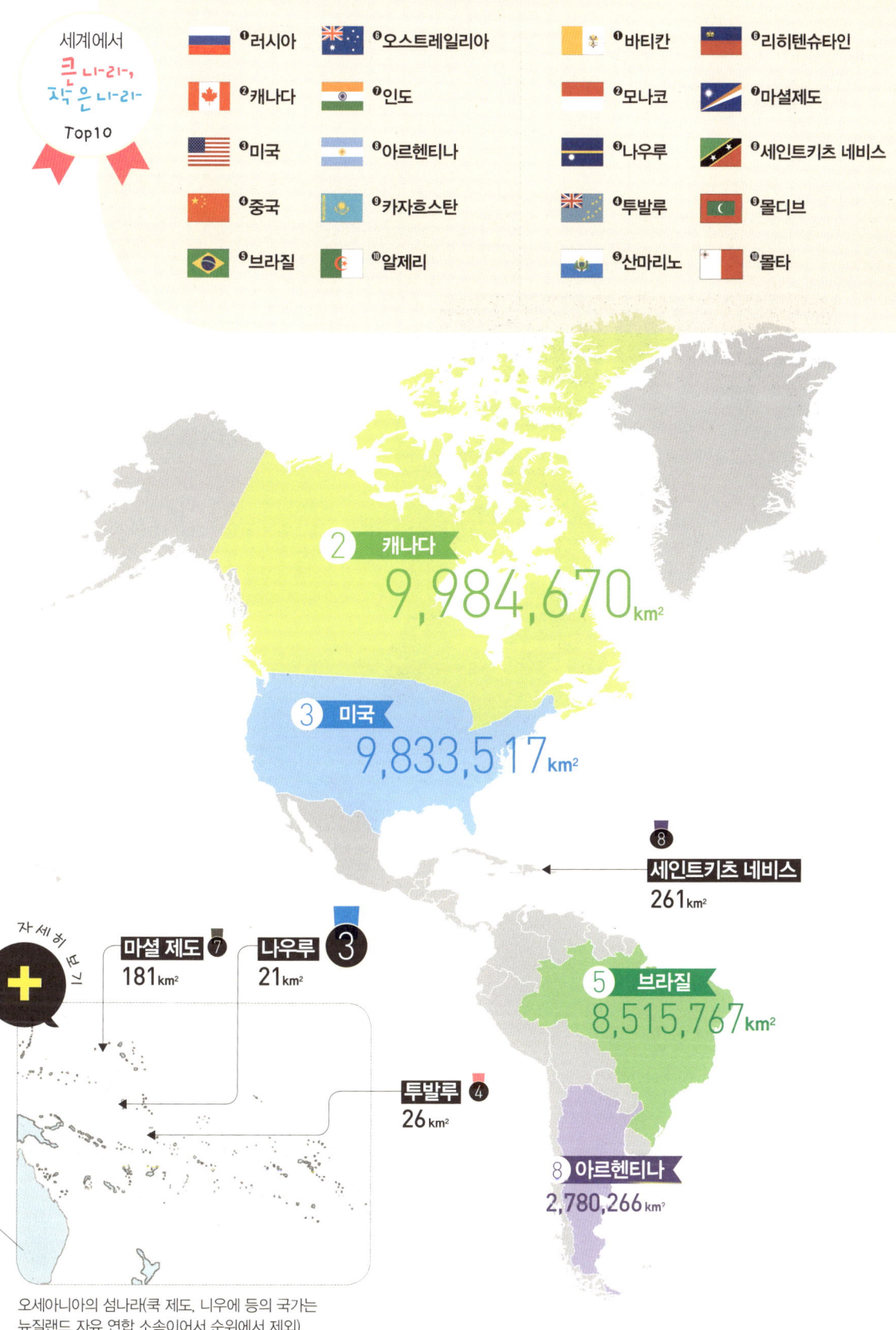

세계의 종교

종교는 각 사회의 문화와 밀접한 관련이 있습니다. 종교에 따라 생활 습관이나 주변 사람을 대하는 태도가 달라지기 때문이지요. 지금은 국제 교류가 많아지면서 한 나라에 다양한 종교가 활발하게 활동하는 경우도 많아요. 대표적인 종교들을 살펴볼까요?

이슬람 최고 성지인 사우디아라비아 메카에 있는 카바 신전

이슬람

7세기 초 아랍의 예언자 무함마드가 610년 알라의 계시를 받아 제창한 종교예요. 이슬람 경전인 〈코란〉에서는 돼지고기를 금하고 있는데 이는 이슬람 국가들이 모여 살고 있는 지역의 환경 때문이라고 해요. 물과 식량이 항상 부족한 건조 지대에서 돼지를 키우는 것은 비경제적이었기 때문에 강력한 종교법으로 금한 것이라고 합니다.

불교

인도의 왕자로 태어난 고타마 싯다르타는 자비와 평등을 내세우며 수행 끝에 진리를 깨달아 부처가 되었어요. 그가 깨달은 진리는 곧 여러 제자들을 통해 세계로 퍼져나갔지요. 우리나라에서 고구려를 통해 들어온 뒤, 삼국시대, 통일신라, 고려를 거치며 불교문화의 꽃을 피우며 방대한 문화유산을 남겼어요.

인도 북부 사르나트의 석가상

인도 힌두교도에게 가장 성스러운 강인 갠지스강

힌두교

고대 인도에서 발생한 종교로 여러 신들의 존재를 믿어요. 갠지스 강에서 몸을 씻는 사람들을 본 적이 있나요? 갠지스 강은 비슈누 신의 발뒤꿈치에서 흘러나오는 신성한 물이기 때문에 그곳에서 목욕을 하면 죄가 씻겨 내려간다고 해요. 힌두교도들은 소고기를 먹지 않는데, 이는 소가 시바 신이 타고 다니는 신성한 동물이라고 생각하기 때문이에요.

기독교의 경전인 성서는 구텐베르크가 활판 인쇄술 발명하면서부터 세계에서 가장 많이 보급된 책이기도 하다.

유대교

유대 민족의 종교, 창조주인 유일신(야훼)을 숭배해요. 자기 민족을 선택 받은 민족으로 간주하고 구세주 메시아의 도래와 그에 의한 지상천국 건설을 믿는 종교예요. 여러분이 잘 알고 있는 탈무드는 유대교의 율법, 습관, 축제 등을 모아 놓은 유대인의 정신적인 유산이지요.

기독교

유일신인 하나님을 믿고 예수의 가르침을 따르는 종교를 말해요. 4세기 무렵부터는 로마를 포함한 여러 나라의 국교가 되기도 하였고, 이후 유럽과 아프리카, 아시아 지역으로 전파되면서 세계적인 종교로 성장하게 되었어요.

유대교를 상징하는 '다윗의 별'. 이스라엘의 국기에도 사용되었다. 제2차 세계대전 당시 히틀러는 유대인을 독일인과 구별하기 위해 다윗의 별을 가슴에 달도록 했다.

토론왕 되기!

'단일 민족 의식'은 꼭 필요할까?

단일 민족이란 한 나라의 주민이 단일한 인종으로 구성되어 있는 민족을 말한다. 단일 민족 국가는 하나의 순수한 민족으로 이루어지거나 다른 소수 민족이 존재하기는 하지만 그 수가 매우 적어 국가의 구성에 영향을 거의 미치지 않는 국가를 말한다. 현재 한국에 소수 민족이 거의 없다는 것을 생각하면 한국은 단일 민족 국가로 불리기에 무리가 없다.

'단일 민족 의식'은 일제 강점기 당시, 조국 해방 운동으로 국민의 마음을 통합시키기 위해 강조되었고 해방 이후에도 중요한 정치 사상으로 사용되었다. 단일 민족 의식 덕에 우리나라 국민이 더욱 단결되고 경제적으로도 발전한 것은 사실이다. 하지만 '단일 민족 주의'가 '우리 민족은 괜찮고 다른 민족은 차별해도 괜찮다'라는 식으로 해석되었을 때 문제가 발생한다.

현재 우리나라에서 거주하는 외국인은 약 250만 명에 이른다. 외국인들이 한국말을 하면서 시장에서 장을 보고 대중교통을 이용하거나 공원에서 운동하는 모습은 더 이상 낯선 풍경이 아니다. 단순히 우리나라에 잠시 머무르는 것이 아니라 우리나라 사람과 결혼하여 가정을 이루거나 귀화하여 우리나라에 정착하는 외국인도 많다. 이제 우리나라를 '단일 민족 국가'라고 표현하기에는 어렵다.

민족을 단지 생물학적으로 바라본다면, 전 세계에 단일 민족이라고 불릴 만한 민족은 아무도 없다. 우리나라의 민족 구성도 북방계인 몽골 계통과 남방계로 나뉜다. 남방계의 외모는 눈썹이 진하고, 쌍꺼풀이 있는 큰 눈에 낮고 동글동글한 콧날과 뚜렷한 입술 윤곽을 특징으로 가진다. 북방계통은 그 반대 경우이다. 미토콘트리아 분석 결과 우리 민족은 북방계가 60%정도라고 한다. 우리나라는 여러 갈래의 씨족과 부족이 모여 형성된 민족이며 처음부터 단일 민족이 아니었다는 주장도 있다. 한 프로그램의 보고서에 의하면 대한민국 국민 중 순수 한민족의 혈통을 가지는 사람은 약 30%에 불과하다고 한다. 한국을 단일 민족 국가라고 생각하는 사람들도 순수 한민족의 혈통을 갖지 못했을 확률이 높다.

우리 민족이 외세_{외국의 세력}의 침입으로 어려움을 겪었을 때에 '단일 민족 의식'이 위기를 극복하는 데 큰 도움이 되었던 것은 분명한 사실이다. 하지만 점점 다문화 사회로 변화 중인 우리 사회에서 다른 민족을 차별하고 배척_{거부하고 물리침}하는 데 사용되어서는 안 된다. 단일 민족, 다민족이라는 구별에서 벗어나 다른 문화를 인정하고 받아들이는 마음을 가져야 할 때이다.

무슨 개념일까요?

아래에서 설명하는 개념을 찾아 바르게 연결해 봅시다.

1	2	3	4
국가의 법에 따라 자격이 되는 개인	한 국가를 상징하는 깃발	국민이 국가를 다스릴 수 있는 권력	다른 나라의 국적을 얻어 그 국민이 되는 일

ㄱ. 주권   ㄴ. 귀화   ㄷ. 국민   ㄹ. 국기

정답: ① (1)-(ㄷ), ② (2)-(ㄹ), ③ (3)-(ㄱ), ④ (4)-(ㄴ)

 한울 박사님 등장!

맛있는 점심을 마친 후 아이들은 대강당으로 하나둘 모여들었다. 유명한 인류학자인 한울 박사의 강연이 기다리고 있었기 때문이다. 아이들은 강당을 돌아다니며 왁자지껄 수다를 떨었다.

"와, 진짜 넓다."

"의자도 푹신푹신해."

그때 굵직한 목소리가 강당 안에 울려 퍼졌다.

"안녕!"

순간 아이들은 목소리가 들려온 방향으로 일제히 고개를 돌렸다. 머리와 수염이 하얀 한울 박사가 교단 위에 올라서서 다정한 목소리로 인사를 건넸다.

"모두들 모인 거지? 나는 한울 박사라고 한단다. 만나서 반가워."

아이들은 박사의 수염이 신기한 듯 바라보며 자기 자리를 찾아 앉기 시작했다. 모든 아이들이 자리에 앉을 무렵 박사의 이야기가 시작되었다.

"방금 존 선생님을 만났는데 다들 호기심이 많다고 칭찬이 자자하더구나. 그래서 수업 방식을 조금 바꾸기로 했어."

박사는 가장 앞에 있는 책상에 엉덩이를 걸쳐 앉았다.

"모두들 나처럼 편히 앉으렴. 자, 보아하니 여러 나라에서 친구들이 모였구나. 이 지구에는 지금 모인 여러분처럼 매우 다양한 나라와 민족이 있지."

박사의 말대로 강당에는 다양한 생김새를 가진 아이들이 앉아있었다.

"오늘 수업은 너희들의 질문으로 채워 보자꾸나. 누구든 궁금한 게 있으면 손을 들고 말하렴. 나 한울 박사가 힘닿는 데까지 친절하게 설명해 줄 테니까."

박사의 말이 끝나자마자 프랑스에서 온 레오가 손을 들었다.

"저, 박사님!"

박사가 레오에게 말하라는 손짓을 했다.

"안녕하세요, 전 레오라고 해요. 앞 시간에 국가에 대해 배웠는데요. 아까 박사님이 말씀하신 민족이랑 뭐가 다른가요?"

박사는 레오의 적극적인 태도가 마음에 드는 듯 흐뭇한 미소를 지으며 말했다.

"민족이란 특정 지역에서 오랜 시간에 걸쳐 함께 생활하면서 같은 언어를 쓰고 그들만의 문화를 만들어가는 집단이란다. 우리는 태어나면서 국가와 마찬가지로 하나의 민족에 속하게 되지. 함께 어울려 살면서 역사는 물론 풍습에 대해 배우고 민족에 대한 소속감을 가지게 되는 거야."

"그럼 하나의 국가에는 하나의 민족만 사는 건가요?"

레오의 질문에 박사가 대답하려는 찰나, 중국에서 온 메이가 대화에 끼어들었다.

"그건 아니야. 우리나라만 해도 56개나 되는 민족이 섞여 있는걸?"

대화를 듣고 있던 다름이가 깜짝 놀라 외쳤다.

"뭐, 56개라고?"

박사가 팔짱을 끼고는 고개를 끄덕였다.

"중국은 다수민족인 한족과 55개의 소수민족으로 이루어진 다민족

중국 소수 민족

인구 100만 이상	인구 10만 이상 100만 이하	인구 1만 이상 10만 이하	인구 1만 이하
좡족, 만족, 후이족, 먀오족, 위구르족, 투자족, 이족, 몽골족, 장족, 부이족, 둥족, 야오족, 조선족, 바이족, 하니족, 리족, 카자흐족, 다이족	서족, 리쑤족, 거라오족, 둥샹족, 라후족, 수이족, 와족, 나시족, 창족, 투족, 무라오족, 시보족, 키르기스족, 다우르족, 징포족, 마오난족, 싸라족	부랑족, 타지크족, 아창족, 푸미족, 에벤키족, 누족, 징족, 지눠족, 더앙족, 바오안족, 러시아족, 우즈베크족, 위구족	먼바족, 오로첸족, 두룽족, 타타르족, 허저족, 가오산족, 로바족

세계 곳곳 다양한 민족

국가란다. 중국의 총인구 약 14억 4천 만 명 중에 13억 2500 만 명이 한족이지. 비율로 따지면 92%에 해당하는 압도적으로 많은 수야."

박사의 말을 듣고 메이가 물었다.

"그럼 하나의 국가에는 하나 이상의 민족이 존재하는 거예요?"

박사는 고개를 휘휘 저었다.

"민족과 국가는 일대일로 연결되는 개념이 아니란다. 중국같이 하나의 국가에 여러 민족이 존재하는 경우도 있고 하나의 국가에 하나의 민족만 사는 경우도 있어. 그리고 경우에 따라 정치·사회적 문제 등으로 하나의 민족이 다른 나라로 흩어져 살기도 해. 현재 우리나라와 북한이 별개의 국가인 것처럼 말이야. 정말 가슴 아픈 일이지."

아이들은 모두 진지한 표정으로 고개를 끄덕였다. 박사는 다시 말을 이었다.

"이왕 민족이라는 말이 나왔으니 여기 대한한국에 살고 있는 민족에 관해 이야기해 보자. 한민족이라는 말을 들어 본 적이 있니?"

박사의 질문에 다름이가 문득 생각이 난 듯 말했다.

"저희 할머니는 우리나라가 한민족 국가라고 자부심이 대단하세요."

박사가 고개를 끄덕이며 대답했다.

"한국어를 공통으로 사용하며 한반도를 중심으로 공동의 문화권을 형성하고 있는 아시아계 민족을 한민족이라고 해. 그런데 우리나라 사람 중에 한민족은 다른 민족의 피가 섞이지 않은 순수한 혈통이라고 생각하는 사람들이 많단다. 한민족이 한반도에서 고유한 문화를 발전시킨 것은 틀림없는 사실이지만 그렇다고 순수한 혈통을 지니고 있는 건 아니야. 북방의 대륙과 남방의 해양에서 오랜 기간에 걸쳐 다양한 집단이 서로 교류하는 과정을 통해 형성된 민족이거든. 최근 과학자들도 한민족이 북방계와 남방계의 유전적 특징을 모두 가지고 있다는 사실을 밝혀냈단다."

다름이는 손을 번쩍 들고 질문했다.

"박사님, 한 나라에 여러 민족이 살면 힘 있는 민족이 힘이 없는 민족을 괴롭히거나 하지 않을까요?"

박사는 질문에 바로 답을 해 주었다.

"생각이 깊은 아이로구나. 아까 설명한 중국을 예로 들어볼까? 중국 정부는 소수 민족이 평등한 삶을 살 수 있도록 권리를 보장해 주기 위해 노력하고 있지만 아직은 소수 민족이 완전한 자유를 누릴 수 있는 환

한민족 분포 지역	한민족 예상 인구 수
한반도, 미국, 중국, 일본, 우즈베키스탄, 카자흐스탄 등 중앙아시아, 러시아 등	약 8300만 명

세계 곳곳 다양한 민족

경은 아니란다. 한족이 중국 인구 중에서 절대적으로 큰 비율을 차지하기 때문에 어쩔 수 없이 불평등한 일들이 일어나기도 하고, 55개나 되는 소수민족이 각각의 고유한 전통을 지키며 살아가고 있기 때문에 이들을 하나의 법에 따라 통치하는 일도 쉽지 않지. 그래서 곳곳에서 분쟁이 일어나기도 해."

뒷자리에 앉아 열심히 박사의 말을 듣고 있던 루시가 물었다.

"미국도 중국처럼 다양한 민족이 살고 있죠?"

박사는 콧수염을 씰룩거리며 대답했다.

"잘 알고 있구나. 하지만 하나의 민족이 국민 대다수를 구성하는 중국과는 달리 미국은 다양한 민족이 다양한 비율로 살고 있단다. 미국에는 원래 아메리칸 인디언들이 살고 있었어. 1492년 이탈리아의 탐험가 콜럼버스가 아메리카 대륙을 발견한 이래 백인들은 인디언을 쫓아내고 그 땅을 차지했지. 이후 영국, 프랑스, 독일 등의 유럽인들이 정착했어. 현재 아시아, 남미 대륙을 가리지 않고 다양한 사람들이 모여들면서 거의 세계 모든 민족이 살고 있다고 해도 과언이 아닐 정도로 세계 최대 다민족국가가 되었단다."

박사의 말에 에이미가 고개를 끄덕이며 말했다.

"맞아요, 미국에서 학교를 다닐 때, 제 짝이었던 친구 중에는 프랑스 아이도 있었고 베트남 아이, 남아프리카공화국에서 부모님과 함께 이민

온 아이도 있었어요. 모두들 다른 나라에서 온 다른 민족의 아이들이었어요."

박사는 다시 아이들을 둘러보았다.

"전 세계에 분포하는 민족에 대한 연구는 아직 완전하다고 볼 수 없

미국 원주민

유럽에서 건너온 백인과 원래 미국 땅에 살고 있었던 인디언은 처음에 상당히 좋은 관계를 유지했다. 그런데 새로운 땅을 찾아 정착하는 백인의 인구가 폭발적으로 늘어나면서 토지를 둘러싼 갈등이 시작되었다. 인디언들은 삶의 터전을 빼앗기고 생존을 위협하는 백인에 대항했다. 하지만 인구 증가에 따라 영토를 확장해야 할 필요가 있었던 백인은 인디언들을 몰아내기 위해 무기를 들고 공격하기 시작했다. 그뿐만 아니라 유럽에서 넘어온 질병에 면역력이 없었던 인디언들의 수는 급격하게 감소하기 시작했고 그들의 고유한 언어와 문화도 사라지기 시작했다. 뒤늦게 미국에서는 '원주민 보호구역'이라는 것을 만들었지만, 여전히 미국 원주민의 가난과 실업은 심각한 문제이다. 현재 미국 원주민들의 수는 미국 전체 인구의 0.8퍼센트에 해당하는 200만 명에 이르지만 이 중 3분의 1만이 인디언 보호 구역에서 거주하고 있다.

어. 민족은 세분화하는 정도에 따라 그 종류가 천차만별이거든. 어떤 민족은 사라지기도 하고 또는 하나였던 민족이 알고 보니 두 개의 민족이라는 사실도 연구를 통해 밝혀지는 경우가 있지. 요즘은 해외 이주나 민족 간 결혼이 워낙 활발하게 일어나기 때문에 민족의 정의나 분포 지역을 한정 짓기가 힘들단다."

그때 알리코가 손을 들고 질문을 했다.

"우리나라에는 여러 부족이 있는데……, 민족하고 다른 건가요?"

박사가 알리코에게 다가가 엄지손가락을 치켜들고 칭찬하며 말했다.

"좋은 질문이구나! 아프리카 대륙에는 수많은 부족이 있지. 민족과 부족은 둘 다 같은 계통의 언어와 문화를 가지고 있는 사회 집단을 가리키는 말이야. 차이점이라면 민족은 규모가 무척 큰 데 반해 부족은 대부분 혈연으로 맺어진 가족 단위의 개념이지. 또 민족은 넓은 영토에서 생활하지만 부족은 마을을 이루어 살고 있어. 즉, 부족은 민족을 구성하는 하나의 요소라고 볼 수 있지."

박사는 목소리를 가다듬고 다시 말을 이었다.

"참고로 아프리카에는 약 3천여 소수 부족이 살고 있다고 해. 그들이 사용하고 있는 언어는 물론 문화 역시 부족 별로 매우 다양하단다. 학자들은 아직까지 미처 발견하지 못한 소수 부족들이 많이 존재하고 있을 거라 추측하고 있어."

알리코는 박사님의 말을 듣더니 눈을 반짝거리며 대답했다.

"사실 여기 오기 전까지만 해도 멋진 축구 선수가 되는 게 꿈이었는데 박사님 말을 듣고 꿈이 바뀌었어요. 아프리카에 있는 다양한 부족들을 찾아내어서 그 사람들의 언어와 문화를 연구하고 보호해주는 사람이 될 거예요!"

"정말 멋진 꿈이로구나."

박사는 알리코를 흐뭇하게 바라보며 말했다.

현대는 인종 구분이 힘들어!

　조용히 강의를 듣고 있던 치에코가 손을 들었다.
　"사람을 피부색으로 구분하기도 하지 않나요? 백인, 황인, 흑인 이런 식으로요."
　박사는 유난히 호기심 많은 아이들의 질문에 기분이 좋아진 듯 콧소리로 대답했다.
　"오호, 인종을 말하는 것이구나? 문화적으로 구분을 하는 민족과는 달리 생물학적으로 구분하는 집단을 인종이라고 한단다. 인종에 대한 분류 기준은 다양하지만 보통 단순하게 피부색이나 머리카락 색과 같이 겉으로 드러나는 형태적인 분류 기준으로 나누지. 피부가 하얀 사람을 백인, 까만 사람은 흑인, 우리와 같이 밝은 갈색의 피부를 가진 사람은 황인으로 나누는 식으로 말이야."
　순간 강당 안은 소란스러워졌다. 아이들이 저마다 자신의 피부와 머리카락을 보면서 다른 친구의 것과 비교를 했기 때문이다. 다름이와 에이미도 서로 마주 앉아 하나, 하나 따져보았다. 그때 에이미가 박사에게 물었다.
　"박사님, 그런데 저는 엄마가 한국인이라서 다른 흑인 친구들과 조금 생김새가 다른 편이에요. 그럼 저는 흑인에 가까운 건가요, 황인에 가

왜 육상 선수들은 흑인이 많을까?

올림픽 남자 단거리 경주 결승에 오른 선수들을 보면 공통점이 있다. 대부분 흑인 선수라는 것이다. 흑인은 단거리 달리기에 유리한 몸을 가지고 있는 것일까? 몇몇 스포츠 과학자들의 연구 결과, 순간적인 근력(근육의 힘)이 중요한 단거리 경주를 휩쓸고 있는 흑인들은 대부분 서아프리카계인 것으로 나타났다. 서아프리카계 흑인 선수는 백인 선수에 비해 뼈 밀도가 높고 체지방은 적으며 엉덩이가 좁다. 또한 허벅지가 굵으며 다리가 길고 장딴지가 더 가벼운 것으로 나타났다. 하지만 이러한 장점은 수영을 하는 데 단점으로 작용한다. 근육의 밀도가 높아 물에 뜨는 데 있어 백인과 황인보다 불리하기 때문이다. 곱슬머리가 물에 대한 저항이 큰 것도 원인 중 하나다.

까운 건가요?"

다름이가 옆에서 대답했다.

"피부가 검은 편이니까 흑인 아닌가? 아니야, 생김새는 우리랑 비슷한 것 같기도 한데……."

박사가 에이미의 곁에 다가와 다정하게 대답해 주었다.

"아까 설명했다시피 요즘은 다른 나라 사람들 간의 결혼이 증가했단다. 너희 부모님처럼 말이야. 그러다 보니 부모님의 특징을 모두 물려받은 혼혈 아이들이 많이 탄생했지. 그렇기 때문에 현대에 들어서는 특히 민족이나 인종을 칼같이 정확하게 구분하는 건 의미가 없다고 볼 수 있어."

레오는 박사의 말에 문득 의문이 떠올랐다.

"그럼 사람들은 언제부터 황인, 백인, 흑인으로 나누어지게 된 걸까요?"

박사는 적당한 대답을 찾으려는 듯 강당 안을 서성이며 답했다.

"과학자들은 인종이 원래 하나였다는 가설실제에 없는 것을 있다고 가정함을 세웠어. 그런데 이 하나의 인종이 식량을 찾아 자연스럽게 여러 지역과 대륙으로 흩어져 이동하게 되고, 정착한 곳의 환경에 적응하면서 다양한 피부색으로 진화하게 되었다는 주장이지."

하나 박사의 말을 듣고 있던 새하얀 피부의 레오가 다름이와 에이미를 가리키며 물었다.

"그럼 우리의 먼먼 조상은 피부색이 똑같았다는 건가요?"

박사는 어깨를 으쓱하며 대답했다.

"그렇지. 어디까지나 가설이지만 말이야. 과학자들의 연구에 따르면 인종의 변화는 기후와 관계가 무척 깊단다. 예를 들어서 아프리카 같이 무더운 지역에 사는 사람들은 햇빛을 많이 받기 때문에 피부에 멜라닌 색소가 늘어났어. 멜라닌 색소는 자외선으로부터 피부를 보호하는 역할을 한단다. 햇빛을 많이 받게 되면 멜라닌 색소가 증가해 피부가 검어

지지. 또 무더운 기온에 체온이 쉽게 오르는 것을 막고 열을 쉽게 밖으로 내보내기 위해 머리카락도 곱슬거리기 시작했어. 곱슬머리는 일반적인 생머리에 비해 머리카락에 공기구멍이 촘촘하게 있어서 햇빛이 두피에 직접 닿는 것을 막을 수 있단다. 그뿐만 아니라 피부 밖으로 땀을 배출하는 역할을 하는 땀샘의 수가 많아 빨리 몸을 식힐 수 있어."

알리코가 고개를 끄덕이며 말했다.

"백인은 흑인이 살았던 환경의 반대를 생각하면 되겠네요?"

박사가 무척 흐뭇해했다.

"하하, 하나를 알려주니 둘을 아는구나. 백인은 춥고 햇볕이 잘 안 드는 지역에서 살면서 흑인과는 완전히 다른 변화를 겪었어. 최대한 열을 받아들여 체온 조절을 해야 했기 때문에 햇빛을 잘 받을 수 있도록 피부색이 밝아진 거야. 황인의 눈이 쌍꺼풀이 없고 작은 이유는 강한 햇볕과 하얀 눈으로부터 반사되는 빛으로부터 자신의 눈을 보호하기 위함이란다."

그때 뒤에서 누군가 소리쳤다.

"우리 아빠는 황인인데 눈이 크고 얼굴은 엄청 까매요!"

박사가 눈썹을 올렸다 내렸다.

"통계적으로 각 인종의 특징이 이렇다는 것이지 개인적으로는 차이가 있단다. 그리고 외모가 반드시 기후에만 의해 변하는 것은 아니야.

사람의 외모를 결정하는 데는 유전적인 이유도 크게 작용하기 때문에 같은 지역에 살고 있어도 서로 다른 모습이 나타날 수 있어. 아까 말했듯 인종 역시 민족처럼 지역이나 생김새로 구분하는 것은 큰 의미가 없

미국의 히스패닉(Hispanic)

히스패닉은 미국에서 살고 있는 라틴 아메리카 출신 사람을 가리키며 멕시코 출신이 가장 높은 비율을 차지하고 있다. 미국 국세조사국은 히스패닉을 미국에서 거주할 뿐만 아니라 스페인어를 사용하고 있는 사람들이라고 정의 내린다.

2003년에 이르러서는 아프리카계 미국인을 제치고 미국 최대의 소수 민족이 되었다. 히스패닉은 주로 경제적으로 하층계급을 구성하고 있지만 이들이 없으면 경제가 제대로 돌아가지 않을 정도로 매우 중요한 역할을 하고 있다. 이들은 미국문화에 완전히 흡수된 흑인과 달리, 고유의 문화와 언어를 간직하며 생활하고 있으며 급격한 인구 증가로 인해 정치적 영향력 또한 점점 커지고 있다. 미국에서 히스패닉의 영향력뿐만 아니라 히스패닉에 대한 의존도도 갈수록 커지고 있어서, '히스패닉(Hispanic)이 없으면 패닉(panic, 공황)'이라는 말이 나올 정도라고 한다.

단다. 다만 이 지구 상에는 다양한 인종이 살고 있고 각 인종별로 다양한 특징을 가지고 있다는 것만 꼭 기억하자꾸나."

아이들의 적극적인 질문 공세에 어느덧 한울 박사의 강연 시간이 끝났다. 다름이는 언제 시간이 이렇게 흘렀는지 아쉽기까지 했다. 그래도 친절하게 답변해 주신 박사 덕분에 민속과 인종, 부족까지 이전에는 알지 못했던 사실을 알게 되어 기분이 무척 좋았다.

토론왕 되기!

초기 인류는 흑인이었다?

과학자들에 따르면 지구상에 인류가 처음 출연한 것은 300만~500만 년 전이다. 최초의 인류는 아프리카에서 화석이 발견된 오스트랄로피테쿠스로, 두 발로 걸었고 간단한 도구를 만들어 사용할 줄 알았다. 오늘날 여러 인종의 직접적인 조상으로 알려진 호모 사피엔스는 4만 년 전에 나타났다고 한다. 이들은 도대체 어디서 나타나서 전 세계로 흩어졌을까? 여기에 관한 두 가지 이론이 있다. 하나는 여러 지역에서 동시에 발생했다는 이론(다지역 기원설)이고, 다른 하나는 한 지역, 아프리카에서 기원(아프리카 기원설)했다는 것이다.

다지역 기원설

일부 과학자들은 약 200만 년 전 호모 에렉투스가 아프리카를 떠나온 것을 계기로 유럽과 아시아 여러 지역에서 인류가 독자적으로 발전해 왔다고 주장한다. 이는 '촛대형 모델'로 불리는데, 끝이 여러 갈래로 나눠진 촛대처럼 여러 갈래로 나눠져 세계 곳곳에서 발달했다는 것이다. 이 설에 의하면 호모 에렉투스가 세계 각지로 퍼져 나가면서 각자 그 지역의 환경에 적응하여 호모 사피엔스 단계를 거쳐 지금의 인류로 진화했다. 이를테면 유럽인의 특징인 큰 코는 추위에 적응하기 위해 커진 것으로 유라시아로 이동하던 호모 에렉투스에게서 물려받은 것이고, 삽 모양처럼 생긴 아시아인의 앞니는 베이징원인, 자바원인과 같은 아시아계 호모 에렉투스에게서 물려받았다는 것이다.

아프리카 기원설

대부분의 과학자들은 지금 인류의 직접적인 조상은 약 15만 년 전 아프리카에서 갑자기 출현했으며 그때부터 5만 년 전까지 그 전에 이미 정착에 살고 있던 네안데르탈인 등의 다른 인종들을 대체했다는 '아프리카 기원설' 또는 '단일 지역 기원설'을 주장한다. 미국의 유전학자들은 1987년 유전자 연구를 통해 인류의 기원이 아프리카인이라는 주장의 근거를 제시한다. 사람의 세포 기관 중 하나인 미토콘드리아의 유전자가 어머니를 통해서만 전달된다는 사실에서 출발하여 현 인류의 가계도를 거슬러 올라가 보니 현대인의 근원지는 아프리카 대륙이었다는 것이다. 또 다른 증거는 인류의 오랜 화석이 아프리카에서 집중적으로 출토되고 있다는 점이다. 에티오피아의 하다르 계곡에서 발견된, 일명 '루시'라고 불리는 250만 년 전의 '오스트랄로 피테쿠스 아파렌시스'나 탄자니아 올드바이 유적에서 발견된 여러 점의 인류 화석은 인류의 시작이 아프리카였음을 보여주는 증거이다. 이는 피부색은 진화에 의한 결과이며, 아프리카인이 모든 인류의 조상임을 보여준다.

오랫동안 백인의 불평등과 차별에 시달린 흑인이 다름 아닌 백인의 조상일지도 모른다는 연구 결과는 참으로 아이러니한 사실이 아닐 수 없다. 어떠한 과학적 가설이든 모든 인종은 하나의 줄기를 가지고 있다. 인종차별이든 민족 간 분쟁이든 어떻게 보면 결국 자신의 먼 가족과 벌이는 다툼이 되어버리는 것이다.

틀린 말 찾기

다름이와 친구들이 한울 박사님 수업에서 들은 내용을 복습하고 있어요.
틀린 말을 찾아 바르게 고쳐 봅시다.

❶ 중국은 하나의 민족으로 이루어져 있어.
→

❷ 미국 땅에는 원래 인디언들이 살고 있었어.
→

❸ 우리나라의 한민족은 순수한 혈통을 자랑하지!
→

❹ 요즘은 국제교류가 늘어나면서 분명한 인종 구분이 힘들어.
→

정답 ❶ ✕, 중국은 56개의 민족으로 구성되어 있다. ❷ ○ ❸ ✕, 우리의 대표적 명절인 추석에 사실 정체 모를 피를 해외에서 수입해서 이루어진 민족이다. ❹ ○

알리코와 레오의 다툼

다음 날 아침. 다름이와 에이미는 아침을 먹고 수업을 듣기 위해 강당으로 이동하고 있었다.

"왜 다들 모여 있지?"

그곳에는 아이들이 무리 지어 웅성대고 있었다. 표정이 심각한 걸 보아 싸움이라도 일어난 듯 보였다. 그때 무리 가운데서 누군가 소리쳤다.

"당장 사과해!"

"난 잘못한 거 없어!"

다름이와 에이미는 달려가 아이들 틈을 비집고 들어갔다.

"도대체 무슨 일이야?!"

무리 가운데에는 알리코와 레오가 눈이 빠질 듯 서로 노려보고 있었다. 금방이라도 주먹다짐이 일어날 것만 같았다. 에이미는 겁에 질린 표정으로 그 둘을 번갈아 쳐다보았다. 침묵을 깬 건 알리코의 목소리였다.

"아까 나한테 까만 콩이라고 했잖아!"

"내가 언제? 아침밥에 까만 콩이 섞여 있길래 '어, 까만 콩이 있네?'라고 한 것뿐이야."

"분명히 날 가리키면서 말했어. 내가 똑똑히 봤다고!"

"아니라고 했잖아!"

레오가 화를 참지 못하고 알리코를 거칠게 밀었다.

"잠깐!"

갑자기 루시가 나타나더니 둘 사이에 섰다. 그리고 레오에게 말했다.

"레오, 나도 봤는데 네가 가리킨 손가락 방향이 조금 애매하긴 했어."

루시의 말에 레오가 당황하여 말끝을 흐렸다.

"그래서 방금 알리코한테 설명한 거야. 밥을 가리킨 거라고……."

루시는 다시 알리코를 보며 똑 부러지게 말했다.

"그리고 알리코. 레오는 너를 두고 한 말이 절대 아니야. 내가 얘랑 친해서 잘 아는데 그런 말을 할 아이가 절대 아니거든. 다른 사람을 무시하는 말을 할 애가 절대 아니야. 그러니까 서로 사과하는 게 좋겠어."

알리코는 아무 말도 못 한 채 씩씩대다가 레오에게 손을 내밀었다.

"내가 오해했어."

레오도 마지못해 알리코의 손을 잡았다. 다름이는 두 사람을 중재하는 루시가 갑자기 예뻐 보였다.

'잉? 눈에 뭐가 들어갔나?'

손등으로 눈을 비비고 다시 쳐다봤지만 왠지 루시 주변에 빛이 나는 것 같았다.

인종차별 때문에 일어난 분쟁

소식을 전해 들은 존 선생님이 알리코와 레오의 머리를 콩 때리는 시늉을 했다.

"어쭈, 감히 지구촌 캠프에서 분쟁을 일으켜?"

알리코와 레오는 멋쩍게 서 있었다.

"어쨌든 이번 일은 인종차별이라는 민감한 문제에서 발생한 것 같구나. 물론 오해가 있었지만 말이야. 알리코, 레오. 이건 너희만의 문제가 아니야. 나도 어렸을 때 피부가 검다는 이유만으로 백인 아이들에게 놀림을 받은 적이 있었어. 씻지 않아서 피부가 까매진 거라는 등 아주 짓궂었지. 물론 그 아이들은 반 선생님께 혼쭐이 났지만 말이야."

교실 안은 무거운 침묵이 흘렀다. 다름이는 에이미의 동그란 눈에서

프라이드 치킨의 유래

1619년 스무 명 남짓 흑인들이 네덜란드 배에 실려 아메리카 대륙으로 왔다. 그들은 미국 최초의 흑인 노예였다. 백인들은 흑인 노예들을 함부로 대했다. 하루 종일 일을 시켰고 아파도 보살펴 주지 않았다. 말을 잘 듣지 않는다고 때리는 것은 물론 밥도 굶기기 일쑤였다. 흑인 노예들은 배가 고파서 견딜 수 없었다. 그래서 주인이 먹다 버린 음식을 뒤지다가 닭 날개, 닭목, 닭발을 발견했다. 살이 많은 가슴과 다리 부분은 요리하고 먹기 번거로운 목과 날개 부분은 버린 것이었다. 흑인 노예들은 뜨거운 기름에 목과 날개를 뼈까지 튀겨낸 후 통째로 씹어 먹어 영양 보충을 했다. 그 후 주방에서 음식을 하는 흑인 노예가 주인에게 닭튀김을 만들어서 선보였고 이는 프라이드 치킨의 기원이 되었다.

무언가 반짝이는 것을 보았다.

"아빠 엄마 때보다는 상황이 많이 나아졌다지만 여전히 상처를 받을 때가 많아요. 한국에 와서는 더더욱이요."

다름이는 에이미의 등을 토닥여주었다. 굳이 이야기 하지 않아도 어떤 일을 겪었을지 짐작이 갔다. 한국 사람들은 피부색이 다른 사람들을 신기한 눈으로 쳐다본다. 특히 피부가 검은 사람들에게 유난히 더 눈길을 준다. 에이미는 훌쩍거리며 말을 이었다.

"지난주에 지하철을 탔는데 사람들이 제 옆자리에 앉는 걸 불편해하는 것 같았어요. 할머니 할아버지들도 자꾸 흘끔흘끔 쳐다보고……. 무시당하는 기분이 들었어요."

다름이는 미안한 마음이 들었다. 다름이도 길을 걷다가 외국인이 지나가면 신기해서 괜히 흘깃흘깃 쳐다보곤 했다. 존 선생님은 일부러 밝은 목소리를 내며 아이들을 둘러보았다.

"피부색이 다른 것이 왜 문제가 되는 걸까? 기쁘고 슬픈 감정을 똑같이 느끼는 사람인데 말이야."

알리코가 잔뜩 풀이 죽은 목소리로 대답했다.

"우리 부모님도 미국에서 초등학교를 나오셨는데 학교에서 괴롭힘을 당한 적이 있대요. 흑인이라는 이유 하나만으로 말이에요. 같은 반 아이들이 사물함에 니그로라는 쪽지를 넣거나 가방에 쓰레기를 버리기도 했대요."

"니그로?"

다름이가 묻자 존 선생님이 대신 답을 해 주었다.

"니그로는 15세기 미국에서 강제 노동을 당한 흑인 노예를 일컬었던 말이야. 흑인을 매우 낮춰서 하는 말이니까 절대 쓰면 안 돼."

화가 난 다름이는 주먹을 불끈 쥐고 허공을 향해 휘둘렀다.

"알리코, 누군가 그런 말을 사용한다면 당장 나한테 말해! 딱밤 100대, 똥침 50번은 기본으로 해 줄 테니까."

"헤헤, 고마워."

존 선생님은 해맑게 웃는 알리코의 머리를 쓰다듬으며 말했다.

"생김새가 다르다는 이유로 색안경을 끼고 보는 사람들이 아직도 많다니 참 안타까운 일이야."

존 선생님은 구석에 놓인 박스 안에서 태블릿 PC를 꺼내 아이들에게 나누어 주며 말했다.

"이번 시간에는 인종이나 민족 차별로 인해 벌어진 분쟁에 대해 알아볼까? 원하는 친구들과 짝을 지어서 역사 속 다양한 분쟁들을 찾고 왜 다툼이 일어났는지, 어떻게 극복해 왔는지 등을 연극이든, 연설문이든 표현해 보렴. 자신들이 정리한 내용을 친구들에게 잘 전달할 수 있는 방법이라면 무엇이든 좋아. 자유롭게 검색하고 의견을 나누어 봐. 그리고 함께 정리해서 돌아가며 다양한 형식으로 발표해 보도록 하자."

아이들은 삼삼오오 모여 머리를 맞대고 태블릿 PC로 검색을 시작했다. 모두 진지한 얼굴들이었다. 다름이와 에이미, 레오, 그리고 미국에서 온 톰은 간단한 연극을 하기로 했다. 우선 짧게 극본을 쓰고 역할을 나누었다. 다름이는 연극이 처음이었지만 루시에게 잘 보이고 싶은 마음에 배역을 두 개나 맡았다.

"자, 누가 먼저 발표할 거지?"

"저희가 먼저 할게요!"

존 선생님의 말에 에이미가 손을 번쩍 들었다. 다름이는 앞으로 나가 담담하게 연극의 배경을 설명했다.

"1950년대 중반 미 남부 지역에서는 버스를 탈 때 백인은 앞좌석부터 앉았고 흑인은 반드시 뒷좌석부터 앉아야 했습니다. 차례대로 자리를 채운 백인과 흑인이 중간에서 만나면 버스는 출발했습니다. 버스에 빈자리가 없을 때 백인이 올라타면 백인이 앉은 좌석과 가장 가까운 곳에 앉아 있는 흑인이 자리를 양보를 해야 했습니다. 1955년 12월 1일, 앨라배마 주 몽고메리 시의 한 백화점에서 재봉사로 일하던 로자 팍스가 버스에 올라탔습니다."

다름이는 설명을 마치고 뒤로 물러서 버스 기사 석에 앉았다. 다름이 뒤에서 로자 팍스 역할을 맡은 에이미가 걸어 나왔다.

"어? 다행히 자리가 있네. 오늘은 운이 좋은 날인걸. 앉아서 갈 수 있으니 말이야."

에이미는 안도의 한숨을 내쉬며 자리에 앉았다.

"버스 출발합니다. 푸슝-!"

버스 기사 역을 맡은 다름이가 효과음을 내며 버스 출발을 알렸다. 뒤늦게 버스에 올라탄 톰은 주변을 두리번거리다가 에이미 옆에 다가가 섰다. 버스는 이미 자리가 가득 차 있었다. 톰은 눈짓으로 에이미에게 일어나라는 신호를 주었지만 에이미는 꿋꿋이 자리에 앉아있었다. 다름이는 그 둘을 돌아보다가 자리에 일어나 버럭 소리를 질렀다.

"어이, 거기! 얼른 일어나지 못해? 백인에게 자리를 양보하는 게 신상에 좋을 거야!"

하지만 에이미는 들은 체 만 체했다. 그리고는 혼잣말로 중얼거렸다.

"이 버스는 백인이든 흑인이든 모든 사람을 위한 거야. 나는 더 이상 백인 위주의 사회 제도에 끌려다니고 싶지 않아. 흑인이 백인보다 뒤떨어지는 존재로 취급받는 걸 더 이상 참지 않겠어!"

강당에서 누군가 꼴깍 침을 넘기는 소리가 들렸다. 다름이는 운전을 하다말고 자리에서 일어나 전화를 하는 시늉을 했다.

"뭐라고? 당장 경찰에 신고해 버릴 테다."

이윽고 경찰 역을 맡은 레오가 출동했다. 레오는 버스를 둘러보더니 에이미에게로 다가갔다.

"무슨 배짱으로 자리를 양보하지 않는 거야? 널 인종분리법 위반으로 체포하겠다."

레오는 에이미를 의자에서 끌어냈다. 그리고 엄숙한 태도로 연극을 보고 있는 아이들 앞으로 거칠게 밀어 세웠다. 다시 해설을 맡은 다름이가 안타까운 목소리로 레오와 에이미를 가리키며 말했다.

"보름 뒤 로자 팍스는 인종분리법을 지키지 않았다는 혐의로 유죄 선고를 받았습니다."

에이미는 억울한 표정으로 호소했다.

"내가 왜 벌금을 내야 하는 거지? 이유를 모르겠어. 흑인은 백인한테 무조건 양보를 해야 한다니 이건 말도 안 돼. 이건 분명한 차별이야. 나는 벌금을 내라는 법원의 결정을 따르지 않겠어!"

에이미는 주먹을 불끈 쥐고는 다시 힘차게 외쳤다.

"우리 흑인은 이제 버스를 타지 않겠습니다. 버스를 타면 차별을 당하니까요! 인종분리법은 사라져야 합니다!"

레오가 에이미를 막으려고 했지만 당당한 에이미의 기세에 눌려 뒤로 물러섰다. 다시 버스 기사 역으로 돌아간 다름이가 아이들을 향해 말했다.

"흑인들이 버스를 타지 않아서 회사 운영이 되지 않습니다. 그래서 몽고메리 시에 직접 항의를 했습니다. 시에서는 버스 안에서 흑인과 백인이 자리를 나눠 앉는 인종분리법을 없애겠다고 했습니다."

다름이를 쳐다보는 에이미의 표정이 밝아졌다. 그러자 다름이가 두 손을 휘휘 내저으며 변명을 하듯 말했다.

"아, 한 가지. 오로지 버스 안에서만 인종분리법을 적용하지 않는 겁니다."

그러자 에이미는 다시 주먹을 불끈 쥐고 외쳤다.

"모든 곳에서 이 불공평한 차별은 영원히 사라져야 합니다!"

레오가 무대 중앙으로 나가 미소를 지으며 말했다.

"한 여인의 용기로 시작된 흑인 버스 탑승 거부 운동으로 몽고메리시 당국은 대법원의 결정에 따라 인종분리법 폐지를 결정했습니다."

관객석에서 연극을 보던 아이들이 박수를 쳤다. 다름이와 에이미, 톰, 레오는 허리를 숙여 감사를 표했다. 존 선생님은 휘파람을 불며 칭찬 세례를 했다.

"다들 주연상 감이야. 선생님도 감동받았어. 자, 그럼 우리 명배우들의 소감을 들어 볼까?"

여전히 로자 팍스의 당당한 표정을 짓고 있던 에이미가 먼저 말했다.

"버스 기사가 자리에서 일어나라고 했을 때 정말 기분이 나빴어요. 정말 제가 로자 팍스가 된 것처럼 말이에요. 눈물이 날 뻔했다니까요."

앞에서 연극을 집중해서 보고 있던 메이가 소리쳤다.

"맞아요! 말도 안 돼! 자리에 앉아도 되는 사람, 서서 가야 하는 사람을 나누는 법이 도대체 어디 있어요? 정말 이상해요."

교실 안은 금세 소란스러워졌다.

"도대체 저런 법은 누가 만든 거야?"

"내가 로자 팍스였으면 경찰과 버스 기사와 한 판 붙었을지도 몰라."

존 선생님은 흥분해서 소리를 높이는 아이들을 진정시키며 말했다.

"자, 다들 조용. 아직 에이미의 이야기밖에 들어보지 못했잖니. 경찰 역을 맡았던 레오는 어땠니?"

레오는 쭈뼛거리면서 입을 열었다.

"사실 제 꿈이 경찰인데요, 이런 경찰은 정말 되고 싶지 않아요. 저

는 약자 편에 서서 모든 사람들이 평등하게 살 수 있도록 돕는 경찰이 될 거예요."

존 선생님은 레오가 자랑스러운 듯이 입을 굳게 다물고 고개를 끄덕였다. 강당에 모인 아이들 모두 크게 감동을 받은 얼굴을 하고 있었다.

🌏 다양한 분쟁의 이유

아이들의 발표는 하나둘 순조롭게 진행되었다.

"다들 열심히 준비했구나. 다음은 누가 발표를 할까? 알리코 앞으로 나오렴."

존 선생님이 손을 들고 차례를 기다리는 알리코를 지목했다. 뉴스 진행을 맡은 알리코는 긴장된 표정으로 의자에 앉았고 두 명의 아이가 알리코 뒤에 섰다. 알리코는 목을 가다듬었다. 허리를 꼿꼿이 세운 폼이 정말 뉴스 앵커 같았다.

"안녕하십니까. 지구촌 뉴스 앵커 알리코입니다."

아이들은 모두 텔레비전을 시청하듯이 목을 빼고 알리코의 말에 귀를 기울였다.

"안타까운 소식입니다. 지난 2012년 2월 트레이본 마틴이라는 한 소년이 열일곱 살의 나이로 세상을 떠났습니다. 그의 죽음은 사고도 아니고 질병도 아니었습니다. 단지 흑인이라는 이유로 목숨을 잃었습니다."

알리코는 침을 꼴딱 삼키고는 다시 말을 이었다.

"그날 밤 마틴은 모자가 달린 티셔츠를 입고 편의점으로 나섰습니다. 당시 방범대원이었던 조지 짐머맨은 모자를 쓴 흑인 마틴을 위험 인물로 판단하고 수색을 요구했습니다. 하지만 마틴은 이를 거부했고 곧 몸싸움이 벌어졌습니다. 결국 마틴은 짐머맨이 쏜 총에 맞아 그 자리에서 바로 숨을 거두고 말았습니다."

알리코 뒤에 있던 두 아이가 승강이를 벌이다가 한 아이가 손으로 권총 모양을 만들어 한 아이를 향해 겨누었다. 그리고 상대방 아이가 바닥에 쓰러졌다. 알리코의 뉴스에 다들 충격을 받은 듯 입을 굳게 다물었다.

"짐머맨은 마틴이 자신을 폭행하려고 했기 때문에 정당방위를 한 것이라고 주장했습니다. 마틴은 무기를 가지고 있지도 않았는데 말이지요. 그는 단지 모자를 뒤집어쓴 잘못밖에 없었습니다. 그것이 짐머맨에게 범죄자같이 보였다면, 그것은 마틴의 잘못일까요? 흑인 인권 단체는 짐머맨이 마틴을 흑인이라는 이유로 살해했다고 주장했습니다. 하지만 경찰은 짐머맨의 정당방위를 인정했습니다. 그러자 미국 전역에서 인종차별적인 수사라는 비난이 일었고 그제서야 경찰은 부랴부랴 2급 살인

혐의를 적용하여 감옥으로 잡아들였습니다. 하지만 1년 5개월 후 결국 무죄를 선고받았습니다. 만약 짐머맨이 흑인이고 마틴이 백인이었다면 재판 결과가 같았을지 의문입니다."

알리코는 중간중간 한숨을 내뱉었다. 잠시 뒤 알리코 뒤에서 짐머맨과 마틴을 연기했던 아이가 일어나 인사를 하고 자리에 들어갔다. 존 선생님이 씁쓸한 미소를 지으며 알리코를 위로했다.

"수고했어. 좋은 사례를 찾아냈구나. 이 사건 이후로 미국 주요 도시에서 흑인들을 중심으로 시위가 발생했지. 인종차별정책이 많이 나아졌다고는 하지만 아직 변화되어야 할 부분들이 많이 보이는구나."

알리코가 자리에 들어가자 주변의 아이들이 칭찬을 해 주었다.

"잘 봤어, 알리코."

"마지막 부분에서 눈물이 핑 돌았어."

존 선생님이 아이들에게 말했다.

"옛날에는 흑인이나 아시아인, 인디언은 귀화를 해도 미국 시민이 될 수 없었어. 법이 그랬으니까. 미국이라는 국가 자체가 인종차별을 했던 거지. 지금은 미국 최초의 흑인 대통령이 뽑힐 정도로 사회 인식이 많이 변했지만 앞으로 인종차별이 완전히 뿌리 뽑힐 때까지 함께 더 노력해야 돼."

그때 메이가 손을 번쩍 들고 질문을 했다.

"백인들은 그럼 아무런 차별을 받지 않나요? 정말 좋겠다."

"흠, 흔하지는 않지만 종종 역차별이 일어나기도 한단다."

"역차별이요?"

"차별을 받는 쪽을 보호하기 위해 만든 제도가 오히려 반대편에게 피해를 주는 것을 말한단다. 예를 들어볼까? 2007년 미국에서 칼이라는 백인 남성이 갑자기 직장에서 해고를 당했어. 그런데 그가 '자기가 백인 남성이라 역차별을 당했다'고 주장한 거야. 결국 재판에서 그 직장의 고용 책임자가 회사에 백인 남성이 너무 많아 흑인 여성으로 교체하라는 정부의 압력을 받았다는 것이 밝혀졌지. 이는 미국의 소수 인종을 우대했을 때 발생할 수 있는 역차별의 예란다. 이런 사건은 법이나 제도가 어느 한쪽에도 치우쳐서도 안 되며 모두에게 항상 공정하고 평등한 기회를 주어야 한다는 것을 느끼게 해주는 사건이지."

존 선생님은 다시 말을 이었다.

"다른 사람을 존중하지 않는 사람은 절대로 존중받을 수 없어. 너희 옆에 앉아있는 친구를 바라보렴. 자기 자신을 아끼듯이 다른 사람을 소중하게 생각해야겠지?"

알리코와 레오가 서로를 보면서 쑥스러운 미소를 지었다.

"아까는 내가 미안했어. 먼저 사과했어야 했는데."

"아니야, 나도 괜히 화를 낸 것 같아서 마음이 계속 불편했는데……."

우리 화해하자."

그 모습을 지켜보던 존 선생님의 입에는 엷은 미소가 떠올랐다.

"차별은 피부색이 다르다고 일어나는 것만은 아니란다. 분쟁이란 인종뿐만 아니라 언어, 종교, 정치 입장 차이를 서로 인정하지 못할 때 일어나기도 하지. 아까 톰이 그림을 그리는 것 같던데?"

존 선생님의 말에 톰은 커다란 도화지를 가지고 앞으로 나왔다. 도화지에는 한 어린 소년이 슬픈 표정으로 총을 들고 있는 그림이 그려져 있었다. 톰은 엄숙한 표정으로 설명을 하기 시작했다.

"아프리카에 있는 시에라리온이라는 나라의 소년병을 그려 봤어요. 시에라리온은 전쟁이 자주 일어나는 나라 중 하나래요. 같은 민족이라도 다른 생각을 가지고 있었던 탓에 싸움이 일어났고 결국 씻을 수 없는 상처가 남은 나라예요. 1961년 영국의 식민지에서 독립한 뒤, 독재와 민주화라는 정치 입장의 차이 때문에 항상 전쟁이 끊이지 않았거든요. 이웃 국가들과 국제기구까지 앞장서서 시에라리온의 안정을 위해 각종 제재를 가했고 2000년대에 들어서야 평화가 찾아왔어요. 하지만 이미 땅은 황폐해지고 산업 시설 등이 파괴되어 경제가 악화되었어요. 그뿐만 아니라 전쟁에 참여했던 7천 여 명의 소년 병사들은 정신적 충격에 시달리거나 생명을 가볍게 여기고 살인을 일삼기도 했고요. 4천 여 명의 수많은 부상자들도 아직 끝나지 않은 고통 속에서 살아가고 있어요."

레오가 톰의 말을 듣고 자신도 모르게 얼굴을 찡그리며 말했다.

"분쟁은 서로가 힘들고 괴로운 결과를 가지고 오는 것 같아요."

존 선생님이 레오의 말에 동의하며 말했다.

"맞아, 조금씩 양보하고 이해하기 위해 노력한다면 이런 일은 없을 텐데 말이야. 인종, 민족뿐만 아니라 종교 분쟁으로 아무 잘못도 없는 사람들이 생명을 잃었어. 비교해서 가치를 따질 수 있는 것들이 아닌데도 무엇이 더 낫다, 더 못하다, 하면서 다투어 온 거지."

마지막으로 메이의 조가 발표를 했다. 메이는 마분지를 둥글게 말아 쥐어 마이크인 척하며 이야기를 시작했다.

"안녕하세요, 지구촌 뉴스 메이 특파원입니다. 저는 현재 케냐에 와 있습니다. 2007년 2월 케냐의 새로운 대통령이 뽑혔지만 부정 선거였다는 주장이 제기됨에 따라 폭동이 일어나고 있는데요. 폭동은 케냐 내 부족 분쟁으로 이어지면서 그 사태가 점점 심각해지고 있다고 합니다. 어떤 상황이 벌어진 것인지 제가 직접 가서 살펴보겠습니다."

메이는 제법 특파원 같았다. 모두들 흥미진진하게 메이의 움직임에 따라 고개를 돌렸다.

"여기 한 케냐 국민을 인터뷰해 보겠습니다. 안녕하세요?"

메이는 함께 나와 있던 치에코에게 말을 걸었다. 치에코는 주변을 두리번거리며 대답했다.

"네네."

"도대체 무슨 일이 일어난 건가요?"

"음와이 키바키 대통령이 상대편인 라일라 오딩가 후보를 근소한 차이로 이겼어요. 그런데 오딩가 후보가 패배를 인정하지 않고 개표 과정에서 부정이 있었다고 주장을 했어요. 그러자 키바키 대통령의 반대 세력들이 키바키 대통령과 같은 종족인 키쿠유족을 무차별적으로 공격하기 시작했어요. 사실 저도 키쿠유족인데……, 아아, 저기 누가 질 공격하려 해요."

치에코는 인터뷰를 하다말고 도망치듯이 사라졌다. 메이는 치에코를 쫓아가려다 말고 다시 자리에 서서 아이들을 바라보며 보도를 마쳤다.

"케냐 독립 후 쭉 케냐를 다스렸던 최대 부족인 키쿠유족에 대한 소수 부족 루히아족, 루오족, 칼렌진족 등의 분노가 폭발하면서 분쟁으로 이어진 것입니다. 이것으로 여성과 어린이를 포함해 약 300명에 이르는 사람들이 목숨을 잃었습니다. 국제사회는 케냐의 피해가 커지는 것을 걱정하여 폭력이 아닌 대화로 해결하기를 권하고 있습니다."

존 선생님은 발표를 모두 마친 아이들을 격려하며 말했다.

"다들 잘 발표해 주었구나. 지구 곳곳에는 여전히 끔찍한 분쟁이 일어나고 있단다. 어떻게 해야 막을 수 있을까?"

역할극을 마치고 막 자리로 돌아온 메이가 대답했다.

"상대방의 입장이 되어서 생각해 보고 폭력 대신 대화로 차근차근 풀어나가야 해요!"

다름이도 한 마디 보탰다.

"먼저 어느 나라에서 어떤 분쟁이 일어나고 있는지 정확하게 조사하고 원인을 파악해야 할 것 같아요. 그래야 구체적으로 어느 지역에서 어떤 방법으로 문제를 해결할지 알 수 있을 테니까요."

언제 싸웠느냐는 듯 사이가 무척 좋아진 알리코가 레오와 함께 대답했다.

"가까이 있는 친구부터 먼저 이해하려고 노력하는 게 좋겠어요!"

존 선생님이 기분 좋은 웃음을 지으며 자리에서 일어나 말했다.

"너희처럼만 생각한다면 세상에 분쟁은 없을 텐데……. 이런, 분위기가 무거워졌네. 잠깐 운동장에 나가서 공놀이를 하면서 무거웠던 마음을 툴툴 털어버릴까?"

"좋아요!"

신이 난 아이들은 환호를 하고 자리에서 벌떡 일어났다. 다름이도 자리를 정리하고 고개를 돌리다가 루시와 눈이 마주쳤다. 다름이는 얼떨결에 고개를 돌리고 괜히 연필만 만지작거리면서 딴청을 피웠다. 그런데 가슴이 콩닥거리기 시작했다.

'이상하다. 왜 이러지?'

토론왕 되기!

분쟁으로 인한 올림픽 보이콧

올림픽은 대표적인 지구촌 행사 중 하나로 많은 사람들이 기다리는 스포츠 축제이다. 하지만 모든 나라가 참여하지 않는다. 예선전에서 떨어져 참여하지 못하는 경우도 있지만, 정치적으로나 사회적인 이유로 참가를 거부하는 것이다. 이러한 올림픽 보이콧_{부당한 행위에 대항하기 집단적으로 벌이는 거부 운동}은 과연 정당할까? 어떤 문제를 제기할 때, 올림픽만큼 빠른 시간 내에 국제적으로 이슈화 될 수 있는 수단은 없다. 올림픽을 통해 그들의 억울함이 미디어를 통해 세상에 알려지고 문제가 해결될 수 있다면 올림픽 보이콧이 비난받을 일만은 아니다. 하지만 올림픽 보이콧을 반대하는 입장도 만만치 않다. 대회를 준비한 선수들의 노력과 열정, 이를 바라보며 감동을 받는 사람들의 권리를 정치적인 이유로 빼앗을 수는 없다는 것이다. 스포츠 게임은 스포츠 게임일 뿐 다른 어떤 것도 개입되어서는 안 된다는 것이 올림픽 보이콧을 반대하는 이유이다.

역대 올림픽에서 있었던 올림픽 보이콧

1936년 베를린 올림픽

히틀러가 나치 정권을 수립한 이후에 개최된 올림픽으로 국기 대신 나치 당을 상징하는 깃발을 사용하여 게르만 민족의 우월성을 전 세계에 자랑하였다. 결국 올림픽이 나치 사상 선전의 장으로 이용된 것이다. (당시 조선은 일본 제국의 식민지여서 마라톤 경기에 손기정과 남승룡이 일본 제국 선수로 출전하여 각각 금메달과 동메달을 차지했다.)

1972년 뮌헨 올림픽
팔레스타인 테러집단인 '검은 9월단'은 대회 중반인 9월 5일 올림픽 선수촌에 침입하여 이스라엘 선수단 숙소에 총을 마구 발사해 11명의 선수가 무참히 희생되었다. 이러한 치명적인 사건은 이스라엘과 아랍 국가들 간의 적대관계를 최악의 상태로 만든 계기가 되었다.

1976년 몬트리올 올림픽
당시 인종 차별 정책을 실시하고 있던 남아프리카공화국과 친선 럭비 경기를 한 뉴질랜드의 올림픽 참가가 허용되자 아프리카 28개국이 불참을 선언하였다.

1980년 모스크바 올림픽
1979년 소비에트 연방이 아프가니스탄을 침공한 것에 항의하기 위하여 소비에트 연방의 수도인 모스크바에서 열린 올림픽에 미국, 캐나다, 서독, 대한민국, 일본을 포함한 서방 진영 66개국이 불참했다.

1984년 로스앤젤레스 올림픽
1980년 하계 올림픽에 서방 진영 국가들의 보이콧에 대한 보복으로 소비에트 연방, 독일 민주 공화국(동독), 알바니아 동구권 15개국과 다른 이유로 이란, 리비아가 불참했다.

흑인 인권 운동의 역사

미국 제16대 대통령 에이브러햄 링컨에 의해 흑인 노예 제도가 폐지되었지만 그 후에도 차별은 쉽게 사라지지 않았어요. 1950~60년대는 흑인 민권 운동이 활발하게 일어난 해였습니다. 흑인의 인권 향상에 큰 영향을 미친 중요한 사건들을 살펴봅시다.

1 1951년 브라운 판결

올리버 브라운은 피부색이 다르다는 이유로 딸의 입학을 거부하는 교장에게 소송을 걸었고, 3년 뒤 흑인 아이들과 백인 아이들은 한 교실에서 수업을 받을 수 있게 되었다.

5 1961년 프리덤 라이드

프리덤 라이드는 흑인 대학생들로 주로 구성되었다.

대학생들이 버스를 타고 인종차별이 극심한 미국 남부를 도는 비폭력 민권 운동이 시작되었다. 버스에 탑승한 이들을 프리덤 라이더(Freedom Rider)라고 불렀다.

6 1963년 워싱턴 행진

마틴 루터 킹 목사가 워싱턴의 링컨 기념관 앞에서 '나에게는 꿈이 있습니다'라는 역사적인 연설을 한 후 광장에 모인 25만여 명의 관중들과 평등을 주장하는 행진을 벌였다.

7 1964년 짐 크로우 법 폐지

공공시설에서 인종 간 분리를 하는 짐 크로우 법이 폐지됨

유색인종(colored) 전용 식수대에서 물을 마시는 한 흑인 남성

2 1955년 몽고메리 버스 승차 거부 운동

미국의 앨라배마 주 몽고메리 시에서 로자 팍스가 버스에서 백인에게 자리를 양보하지 않았다는 이유로 체포되었다. 이후 마틴 루터 킹을 중심으로 흑인들의 버스 승차 거부 운동이 일어났고 결국 대법원에서 시당국이 법을 위반했다고 판결내렸다.

◂ 로자 팍스(앞)와 마틴 루터 킹 목사(뒤)

▼ 그린즈버러 시위가 일어났던 식당 내부

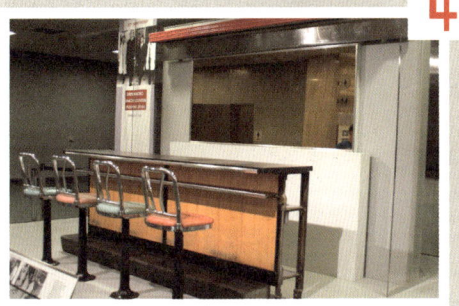

3 1957년 리틀록 나인 사건

미국 남부 아칸소 주 리틀록 시의 한 고등학교에 9명의 흑인 학생이 미국 역사상 최초로 백인만 다니던 고등학교에 등교했다. 이를 반대하는 백인들이 폭력을 휘두르자 정부는 군대를 보내어 대처했고 이에 따라 센트럴 고등학교는 최초로 흑인 학생들을 인정하였다.

4 1960년 그린즈버러 시위

노스캐롤라이나 주 그린즈버러에서 백인 식탁에 앉은 흑인들이 체포되었다. 흑인 학생들은 이에 백인 전용 식당에 들어가 앉아 비폭력 시위를 벌였다.

마이클 잭슨, 비욘세, 그리고 최초의 흑인 미국 대통령 오바마까지 현재는 세계 다양한 분야에서 큰 영향을 미치는 흑인들을 쉽게 볼 수 있습니다. 하지만 여전히 사회 곳곳에 차별로 인한 대립과 갈등이 존재하고 있습니다. 공평하고 서로를 배려하는 사회를 만들어 가는 건 이제 여러분의 몫이겠지요?

8 1965년 투표권 인정

흑인에게 투표권이 인정되었다

용어 찾기

낱말 퍼즐 속에 숨겨진 본문 속 용어를 찾아보아요!

힌트!
❶ 특정 인종에 대해 불평등하게 대하는 일
❷ 버스에서 백인 남성에게 자리를 양보하지 않았다는 이유로 체포되었던 흑인 여성
❸ 약자를 보호하기 위한 제도가 오히려 반대편에게 피해를 주는 것
❹ 학교, 공원, 버스 등 공공시설에서 백인과 흑인의 자리를 따로 지정하여 지키도록 한 법

정답
❶ 인종차별, ❷ 로자 파크스, ❸ 역차별, ❹ 인종분리법

마틴 루터 킹의 연설

드디어 지구촌 캠프의 마지막 날이 다가왔다. 존 선생님은 눈을 반짝이며 아이들을 둘러보았다.

"애들아, 오늘은 아주 특별한 사람을 만나러 갈 거야."

"우아!"

아이들은 저마다 신 나서 특별한 사람이 과연 누구일지 추측하기 시작했다.

"아이돌? 개그맨?"

"에이, 설마……."

존 선생님이 산만한 분위기를 가라앉히려고 큰 소리로 말했다.

"다들 들떠 있는 표정인데? 지구촌 캠프의 하이라이트라고 할 수 있는 프로그램만 남았단다. 이제 곧 인권 운동가 마틴 루터 킹과 넬슨 만델라를 만나러 갈 거야."

그 말에 에이미가 손을 내저으며 말도 안 된다는 표정을 지었다.

"에이, 이미 돌아가신 분을 어떻게 만나러 가요?"

존 선생님은 활짝 웃으며 의미심장하게 고개를 끄덕였다.

"하하, 다 방법이 있지. 그전에 먼저 인권에 대해 알고 가자꾸나. 인권이란 사람이라면 마땅히 누리고 행사할 수 있는 자유와 권리를 뜻한단다. 즉, 남자든 여자든, 외국인이든 우리나라 사람이든, 어른이든 어린이든 모두가 인권을 가지고 있어."

루시가 손을 들고 말했다.

"자세히 기억은 나지 않지만 뉴스에서 누군가 인권 침해를 당했다는 말을 자주 들은 것 같아요."

존 선생님이 설명을 덧붙였다.

"그래, 소수 민족이나 유색 인종, 어린이, 여성, 노인, 장애인 등 사회적 약자들이 주로 인권 침해(해를 끼침)를 당하고 있단다. 그들의 인권을 지키기 위해서 마땅히 사회가 앞장서서 도와야 해. 그래야만 진정한 민주주의(국민이 권력을 가지고 행사하는 제도나 그러한 정치 사상) 국가라고 할 수 있어. 민주주의는 인간의 가치를 제일로 하니까 말이야."

존 신생님의 말이 끝나자마자 다름이가 손을 들고 말했다.

국가인권위원회

2001년 11월 25일, 국민의 인권을 보호하고 인간의 존엄성을 지키기 위해 설립된 국가기관이다. 대한민국 국민이나 대한민국에서 살고 있는 외국인의 인권 침해나 성별, 장애, 종교 나이 등을 이유로 고용 차별 사례를 조사하고 도움을 주고 있다. 또한 인권에 관한 교육과 홍보를 통해 국민들의 인권 의식을 향상시키는 활동을 하며 국내외 인권 단체와 기관, 인권 관련 국제기구 등과의 교류 및 협력을 통해 인권 보호 및 향상을 위해 노력하고 있다.

"엄마한테 들은 이야기인데요, 저희 이모가 결혼하고 미국에서 살았거든요. 어느 날 맥도날드에 갔는데 그곳이 유난히 백인이 많은 곳이었대요. 직원이 이모를 위아래로 흩어보고는 엄청 불친절하게 대해서 다시는 그곳에 안 갔다고 하더라고요."

존 선생님은 회상하듯 대꾸했다.

"음, 맞아. 그랬지……."

아이들은 존 선생님의 반응에 반신반의하며 물었다.

"어, 선생님도 거기 계셨어요?"

존 선생님이 당황하며 무슨 대답을 해야 할지 망설이자 다름이가 냉큼 다른 질문을 했다.

"뉴스를 보면 여러 보호 시설에서도 나쁜 일들이 종종 일어나던데요?"

존 선생님은 다름이에게 고맙다는 윙크를 한 뒤 뒷짐을 쥐고 잠시 고개를 숙였다 들었다.

"맞아. 배려해야 할 대상을 괴롭히는 사람들은 아주 심하게 벌로 다스려야 해. 다시는 그러지 못하도록 말이야."

"자신의 가족이라고 생각하면 그럴 수 없을 텐데. 정말 너무해!"

레오가 주먹을 불끈 쥐었다. 필리핀에서 온 투하가 맞장구를 쳤다.

"나도 그래. 조금 다른 예인 것 같지만 아빠 회사 때문에 한국에 온 지 2년이 넘었는데 아직도 나를 차별하는 아줌마들이 있어. 놀이터에 나가서 친구들이랑 같이 놀려고 하면 어느샌가 내 옆에 있던 아이들이 하나둘 엄마 손에 이끌려서 사라져 버린단 말이야. 나는 아무 말도, 아무 행동도 하지 않는다고. 대체 왜 그러는지 너무 화가 나. 자기 아이가 그런 상황에 놓인다면 어떨지 한 번이라도 상상해 봤으면 좋겠어."

다름이가 투하에게 말했다.

"그러게, 다들 입장을 바꿔 생각해 본다면 이런 슬픈 일이 일어나지 않을 텐데."

존 선생님이 벽에 걸린 시계를 보고 외쳤다.

"벌써 시간이 이렇게 됐네! 모두들 3층 특수 체험관으로 가자."

아이들이 일제히 자리에서 일어나 이동하기 시작했다. 에이미가 다름이에게 다가와 속삭였다.

"마틴 루터 킹 목사는 내가 가장 존경하는 인물이야. 그런데 여기서 만날 수 있다니 정말 떨린다."

"이름은 많이 들어봤는데, 누구야?"

"흑인 인권을 위해 힘쓰고 평등한 세상이 만들기 위해 노력한 분이야. 맨 앞자리에서 봐야 하니까 너도 빨리 따라와."

3층에 다다른 에이미가 다름이를 이끌고 특수 체험관 입구로 성큼성큼 다가갔다. 입구에서는 존 선생님이 아이들에게 특수 안경을 나누어 주고 있었다.

"자, 하나씩 가지고 들어가렴."

아이들은 특수 안경을 쓰고 체험관 안으로 들어갔다. 안은 어두컴컴했다. 비상구를 가리키는 등에만 불이 들어와 있었다.

"아무것도 안 보여."

"우악, 누가 내 발 밟았어!"

누가 누군지 분간이 안 되자 체험관 안은 금방 시끌시끌해졌다. 그때 삐-삐-삐! 세 번의 알림음이 들리더니 사방에 하늘, 나무, 도로가 눈앞

의 지구촌 정보

인종 차별은 현재진행중!

2012년 미국 뉴욕의 한 피자가게에서 한국계 20대 여성이 인종차별적 표현이 담긴 영수증을 받았다. 홍보 회사에서 일하고 있는 조○○ 씨(24)는 뉴욕 맨해튼 인근의 피자 체인점인 파파존스에 들러 피자를 주문했다가 주문자 이름 난에 '째진 눈의 여성(lady chinky eyes)'이라고 적힌 영수증을 받았다. '금이 간, 째진'이라는 뜻의 'chinky'는 서양인이 동양인의 작은 눈을 낮추어 말할 때 쓰는 표현이다. 그녀는 파파존스 트위터 계정에 영수증 사진과 함께 "내 이름은 '째진 눈의 여성'이 아니다"라는 글을 남겼고 파파존스 측은 트위터를 통해 "최근 뉴욕에서 발생한 영수증 관련 사건으로 당황스럽다. 고객에게 진심으로 사과를 드린다. 이 사건과 관련된 점원은 해고됐다"고 밝혔고 "연락해서 사과하고 싶다"는 댓글을 남겼다.

에 펼쳐졌다. 손을 뻗으면 만질 수 있을 것 같았다. 마치 타임머신을 타고 과거로 온 것만 같았다. 어디선가 존 선생님의 목소리가 들렸다.

"여기는 1963년 미국이란다."

다름이는 주변을 둘러보며 탄성을 자아냈다. 그때 웬 흑인이 혼잣말을 하면서 다름이 옆을 스치듯 지나갔다.

"늦었다. 사람들이 기다리고 있겠어."

에이미가 그 사람을 보고는 다급하게 외쳤다.

"마틴 루터 킹 목사야! 책에서 봤던 얼굴 그대로네!"

에이미의 외침에 모두들 그쪽을 바라보며 웅성거렸다. 마틴 루터 킹 목사가 도착한 곳에는 이미 수많은 흑인들이 모여 있었다. 에이미가 마틴 루터 킹 목사 뒤로 보이는 건물을 가리키며 말했다.

"워싱턴 DC 링컨 기념관 앞이야. 예전에 아빠, 엄마랑 같이 여행을 온 적이 있어. 여기서 마틴 루터 킹 박사가 연설을 했지."

흑인들은 다음과 같은 문구가 적힌 팻말을 들고 있었다.

- 우리에게도 자유를 달라!
- 인종 차별 금지!
- 평등한 세상을 위하여!

마틴 루터 킹 목사는 담담하게 사람들 앞에 섰다. 그리고 자신을 기다리고 있던 사람들에게 애정이 듬뿍 담긴 눈빛을 보냈다. 광장은 무척 조용해졌고 곧 연설이 시작되었다.

"나에게는 꿈이 있습니다. 언젠가는 미국이 인간 누구나 평등하다는 진실을 받아들이고 진실대로 행동하는 날이 오는 꿈을 말입니다.

나에게는 꿈이 있습니다. 조지아의 붉은 언덕 위 농사꾼의 자식과 농지 주인의 자식들이 함께 가족처럼 식탁에 앉는 꿈을 말입니다.

나에게는 꿈이 있습니다. 폐허가 된 미시시피 주의 차별과 불공평의 뜨거움조차도 자유와 정의의 장소가 되는 꿈을 말입니다.

나에게는 꿈이 있습니다. 나의 자식들이 미국에서 살아가면서 단지 피부색으로 평가받지 않고 인격적으로 평가받는 날이 오는 꿈을 말입니다.

나에게는 꿈이 있습니다. 워싱턴에서 흑인들이 돈만 있으면 자유롭게 집을 구할 수 있게 되는 꿈을 말입니다.

나에게는 꿈이 있습니다. 어느 날 누구나 평등하며 창조주로부터 생명, 자유, 행복 등 절대로 빼앗길 수 없는 권리를 받았다는 제퍼슨의 말을 인정하게 되는 꿈을 말입니다.

니에게는 꿈이 있습니다. 인간 모두 형제가 되는 꿈입니다. 이런 신념으로 절망의 산에 희망의 터널을 뚫고 말겠습니다. 여러분과 함께 어둠의 어제를 밝음의 내일로 바꾸겠습니다. 우리는 하나의 신념으로 새로운 날을 만들어낼 수 있습니다. 하나님의 아이들이 흑인이건 백인이건, 유대인이건 유대인이 아니건, 개신교를 믿든 가톨릭교를 믿든 손에 손을 잡고, 자유가 왔다! 자유가 왔다! 하나님 감사합니다! 라고 흑인영가를 부를 수 있는 날을 말입니다!"

마틴 루터 킹 목사의 연설이 끝나자 귀 기울여 듣고 있던 흑인들이 하나둘 흐느끼기 시작했다. 아예 바닥에 주저앉아 엉엉 통곡을 하는 사람도 있었다. 함께 연설을 듣던 아이들도 감동을 받았다. 에이미와 몇몇 아이들은 훌쩍이기까지 했다. 손등으로 눈물을 훔치는 남자아이들도 있었다. 다름이는 에이미가 연기했던 로자 팍스를 떠올렸다. 차별을 직접 경험해 보지는 못했지만 짐작할 수

있을 것 같았다. 곁에서 지켜보고 있던 존 선생님이 따뜻하게 말을 건넸다.

"모두들 인권에 관심이 생긴 것 같구나. 마틴 루터 킹 목사는 버스의 흑인 차별 좌석제를 평화적인 방법으로 항의함으로써 변화를 이끌어냈어. 여러 가지 법률을 바꾸기 위해 노력했고 말이야."

에이미가 눈물을 삼키고 밝은 목소리로 대답했다.

"마틴 루터 킹 목사는 1964년 인권운동가로서의 활동을 인정받아서

마틴 루터 킹(1929~1968)

마틴 루터 킹 목사는 1929년 조지아 주의 한 침례교회 목사의 장남으로 태어나 1954년 인종 차별이 극심했던 앨라배마 주 몽고메리의 침례교회 목사로 취임했다. 1955년 시내버스에서 일어난 흑인 차별 대우에 반발하여 '몽고메리 버스 승차 거부' 운동을 지도하였고 1년 후인 1956년에 승리를 거두었다.

그 후 흑인이 백인과 동등한 시민권을 얻기 위한 운동에 앞장섰고 이 당시 워싱턴 DC에서 '나에게는 꿈이 있습니다'라는 유명한 연설을 하였다. 1964년에는 이러한 공로를 인정받아 노벨평화상을 받았다. 상을 받은 후에도 적극적으로 흑인 노동자의 투쟁을 지원하였다. 하지만 1968년 테네시 주 한 모텔에서 백인 우월주의자였던 제임스 얼레이가 쏜 총탄을 맞고 사망하였다.

노벨 평화상을 받으셨어요."

"우아, 멋있다."

다들 존경에 찬 눈빛으로 마틴 루터 킹을 바라보았다.

남아프리카공화국 최초의 흑인 대통령

"자, 다음은 다른 인권 운동가를 만나러 가볼까?"

존 선생님의 말이 끝나자마자 화면이 바뀌고 아름다운 정원이 등장했다. 앞에 놓인 의자에는 머리카락이 하얗게 센 할아버지가 앉아 있었다. 존 선생님은 아이들을 돌아보며 말했다.

"이 분은 남아프리카공화국의 넬슨 만델라 전 대통령이란다."

"잘 알아요! 우리나라 대통령이셨거든요!"

알리코가 손을 번쩍 들었다가 힘없이 손을 내렸다.

"얼마 전에 세상을 떠나셨지만……."

존 선생님은 한쪽 손을 가슴에 얹고 말했다.

"나도 정말 존경하는 분이셨는데, 돌아가셨다는 소식을 듣고 마음이 참 아팠단다."

루시가 존 선생님에게 물었다.

"어떤 일을 하셨는데요?"

"1940년 대학을 다니던 중 흑인 친구가 백인에게 괴롭힘을 당하는 것을 목격하고 인종차별에 대해 관심을 가지게 되었어. 다니던 학교를 그만두고 변호사가 되기 위해 법률 공부를 하기 시작했고 흑인 인권 운동을 전개했지. 자세한 이야기는 넬슨 만델라 전 대통령에게 직접 들어 볼까?"

교실 안은 아이들의 탄성으로 가득했다.

"진짜 이야기도 할 수 있어요?"

"나 먼저 할래!"

존 선생님이 턱을 꼿꼿하게 높이 들었다.

"여기저기서 질문이 마구 쏟아져 나오면 당황하실 수도 있으니, 질문은 선생님이 대표로 하도록 할게. 그러니 조용히 귀를 기울이고 무슨 말씀을 하시는지 들어 보렴. 자, 지금부터 넬슨 만델라 대통령과의 화상 전화를 시작할게. 쉿!"

몇몇 아이들은 실망한 표정을 지었지만 이내 기대에 찬 표정으로 눈을 반짝거렸다.

존 선생님이 한쪽 벽에 스크린을 내리고 옆에 놓인 전화기를 들고 전화를 거는 시늉을 했다. 뚜, 뚜, 뚜 통화 연결음 소리가 나고 곧 넬슨 만델라 전 대통령의 모습이 나타났다.

"여러분, 안녕하세요. 넬슨 만델라예요. 만나서 반가워요."

넬슨 만델라 전 대통령은 인자한 할아버지 같았다. 알리코는 반가운 마음에 제자리에서 폴짝 뛰며 외쳤다.

"대통령님! 저 남아프리카공화국에서 왔어요! 다시 뵙게 돼서 정말 좋아요."

화면 속 넬슨 만델라는 인자한 웃음을 지어 보였다. 존 선생님이 질문을 던졌다.

"대통령님은 어떤 일을 하셨나요?"

대통령은 차분하게 이야기를 시작했다.

"나는 1951년부터 동료인 월터 시술루와 함께 마하트마 간디가 주장했던 '비폭력 운동'을 전개하였어요. 1년 후에는 흑인으로는 최초로 요하네스버그에 법률상담소를 차렸지요. 그리고 본격적으로 흑인 인권 운동에 참여했습니다. 당시 남아프리카공화국에서는 흑인에 대한 차별 대우가 무척 심했어요. 공공장소, 교육시설, 대중교통 어디서든 흑인과 백인을 분리하도록 하는 정책을 시행하고 있었거든요."

다름이가 자기도 모르게 소리쳤다.

"인종분리법은 정말 나빠요!"

대통령은 입가에 엷은 미소를 띠며 계속 말을 이어갔다.

"당시 흑인들은 백인과 같은 인간임에도 불구하고 그들처럼 살아갈

수 없었어요. 나는 비슷한 의견을 가진 이들을 설득해서 말도 안 되는 인종차별 정책을 따를 수 없다는 의견을 냈어요. 그리고 아프리카 국민 회의를 중심으로 불복종운동을 전개했지요."

다름이는 그 과정이 쉽지 않았을 거라는 생각이 들었다. 대통령은 다름이의 마음을 읽었는지 바로 답변을 해 주었다.

"1955년 흑인 거주지로 지정된 요하네스버그 소웨토 구역에서 남아프리카 인종차별 정책을 반대하는 시위가 일어났고 나는 감옥에 끌려가게 되었습니다. 물론 5년 후에 무죄 판결을 받았지요. 그러던 중 요하네스버그 남쪽의 샤프빌이라는 마을에서 흑인 단체가 시위를 했고 경찰들이 무자비하게 공격을 하는 바람에 많은 사람들이 목숨을 잃고 중상을 입었어요. 나는 더 이상 평화롭게 흑인 인권 운동을 할 수 없다고 결론을 냈고 군사훈련을 받았습니다. 그리고 아프리카의 각 나라를 돌아다니면서 우리와 함께해 줄 것을 요청했습니다. 그러다 1962년 다시 체포되어 감옥에 가게 되었습니다. 나는 감옥에서 27년이나 되는 세월을 보냈지요."

다들 깜짝 놀라 외쳤다.

"27년이라고요?"

"너무 억울해요!"

대통령은 아이들의 반응에 동요하지 않고 차분히 대답했다.

"하지만 나의 노력은 곧 세계에 널리 알려지게 되었습니다. 1990년 2월, 남아프리카공화국 대통령이 흑인 인권단체에 대해 인정해 주었고 감옥에 붙잡혀 있던 흑인 인권 지도자들을 풀어주었지요."

대통령의 대답이 끝나자 존 선생님이 조심스럽게 물었다.

"그럼 흑인은 자유를 찾은 건가요?"

넬슨 만델라 전 대통령은 그때를 회상하는 듯 슬픔에 잠긴 표정을 지었다.

"하지만 백인과 흑인의 갈등이 완전히 해결된 것은 아니었습니다. 여전히 경찰이 차별에 저항하는 흑인들의 움직임을 못마땅하게 여겨 거친 진압을 하는 바람에 피해자가 계속 늘어났습니다. 나는 침착하게 백인 정부와 협의를 했고 민주적인 선거를 할 수 있도록 긍정적인 결과를 이끌어냈습니다."

아이들이 박수를 치며 여기저기서 한마디씩 했다.

"대통령님 정말 대단해요."

"우아, 다행이에요."

대통령은 일어서서 이야기를 마무리했다.

"나는 1993년 노벨평화상을 받았으며 1994년 4월 27일 남아프리카공화국 최초로 흑인이 참여한 선거에서 대통령이 되었습니다."

아이들은 물론 존 선생님까지 모두 숙연해졌다. 지금 많은 사람들이

 평등한 삶을 살 수 있는 데는 인권을 소중하게 여기는 사람들의 희생이 있었다는 것을 가슴 깊이 깨달았기 때문이다.
 "차별에는 정당한 이유가 없습니다. 하지만 차별 때문에 상처를 받는 사람들이 참 많아요. 서로를 이해하기 위해 조금만 더 노력한다면 평화로운 세상을 맞이할 수 있을 텐데 말이에요. 물론 과거보다 많이 나아지기는 했지만 인종 간의 차별, 성별 간의 차별, 비장애인과 장애인 간의 차별 등이 완전히 뿌리 뽑힌 것은 아니에요. 이제는 여러분이 평등

한 세상을 위해 노력할 차례겠지요?"

아이들은 씩씩하게 대답을 했다.

"네!"

대통령은 환하게 웃으면서 손을 흔들었다.

"이제 다른 친구들을 만나러 가야 할 시간이 됐네요. 아쉽지만 다음에 또 만나요!"

스크린이 꺼지고 체험관에는 불이 들어왔다. 아이들은 특수 안경을 벗고 서로를 바라보았다. 존 선생님이 다름이에게 물었다.

"넬슨 만델라 전 대통령을 만난 느낌이 어떠니?"

다름이가 다부진 목소리로 말했다.

"저도 꼭 넬슨 만델라 전 대통령처럼 훌륭한 일을 할 거예요."

에이미가 작은 주먹을 불끈 쥐었다.

"나도 같이!"

알리코와 레오도 끼어들었다.

"우리도!"

존 선생님이 조언을 해주었다.

"너무 거창하게 생각하지 않아도 돼. 내가 소중한 만큼 다른 사람도 소중하게 생각한다면 문제는 생각보다 쉽게 해결될지도 몰라. 그리고

좀 더 너그러운 마음을 가지고 힘든 처지인 사람들을 돕는다면 더할 나위 없이 행복한 사회가 되겠지?"

수업은 점점 막바지에 이르렀다. 존 선생님이 아이들을 쭉 한번 둘러보고는 말했다.

"지구촌이라는 단어를 들어 본 적이 있니? 교통과 통신이 발달하면서 지구가 마치 하나의 마을처럼 되었다는 의미이지. 지구촌의 평화를 위해서 지금 우리한테 필요한 건 무엇일까?"

아이들은 너도나도 크게 대답을 했다.

"평등!"

"우정!"

"평화!"

"사랑!

"이해!"

"존중!"

그때 수업을 마치는 종소리가 울려 퍼졌다. 존 선생님이 환하게 웃으며 대답했다.

"Excellent!"

루시와의 화해

캠프가 끝나고 존 선생님, 아니 이모부는 아이들을 한 명씩 꼭 안아 주었다. 다름이는 친구들과 헤어진다는 생각을 하니 무척 섭섭했다. 아이들은 짐을 챙기러 각자 숙소로 돌아갔다. 에이미는 이모부를 따라 아이들한테 나눠 줄 기념품을 가지러 갔다.

다름이는 혼자 남아 교실을 정리하고 있었다. 그때 드르륵, 문이 열리더니 루시가 들어왔다. 그리고 아무 말 없이 다름이를 도와주기 시작했다. 다름이는 몇 번 망설이다가 용기를 내어 루시에게 말을 걸었다.

"지난번에는 말이야. 정말 미안했어. 하지만 너를 놀리려고 한 건 아니었어. 이전부터 계속 사과하려고 했었는데 기회를 놓쳐서 그만……."

루시가 다름이를 획 돌아보았다. 다름이는 움찔했다. 하지만 이내 루시는 활짝 웃었다.

"괜찮아. 실수라는 걸 알았는데도 계속 화내서 오히려 내가 미안해."

다름이의 마음은 그제야 편안해졌다. 그런데 갑자기 루시가 다름이를 놀리기 시작했다.

"너 마틴 루터킹 목사 연설 들으면서 눈물 흘리더라. 이제부터 네 별명은 울보야!"

다름이는 방금까지 루시에게 사과한 일을 까맣게 잊어버리고 그만

또 버럭 하고 말았다.

"뭐? 나 안 울었거든!"

다름이는 얼굴이 붉어져서 어쩔 줄을 몰라했다. 루시는 다름이를 놀리고는 교실 밖으로 쌩 나가버렸다. 그리고는 교실 창문 밖에서 다시 외쳤다.

"다름이는 울보!"

다름이는 부끄러워서 고래고래 소리를 질렀다.

"조용히 해 줘! 다른 아이들이 듣잖아!"

루시가 웃으며 캠프장 밖으로 뛰어 갔다. 다름이는 안도의 한숨을 내쉬며 지구촌 캠프에 오기를 참 잘했다고 생각했다.

> 나는 생일날 선물받은 일기장에 '키티'라는 이름을 붙여 주었어.

안네의 일기, 한 유대인 소녀가 남긴 인종 차별 역사의 기록

『안네의 일기』는 독일 출신 유대인 소녀 안네가 히틀러의 유대인 말살 정책을 피해 2년간 은신 생활을 하며 남긴 기록입니다. 안네는 독일의 어느 수용소에서 1945년 16살의 꽃다운 나이로 세상을 떠났지만 그녀가 남긴 일기는 가족 중 유일한 생존자였던 아버지의 손에 의해 출판되었어요. 어려운 상황 속에서도 잃지 않았던 그녀의 꿈과 용기는 아직까지 많은 사람들에게 큰 감동을 주고 있어요.

암스테르담 안네 프랑크 박물관에 보관된 안네의 일기

암스테르담에 위치한 안네의 집. 내부에는 은신처로 통하는 입구를 책장으로 가려놓았다.

키티에게

1944년 8월부터 9월까지 안네가 머물렀던 웨스터보크 임시 수용소

안네의 무덤. 아직까지 그녀를 찾는 사람들의 발길이 끊이지 않는다.

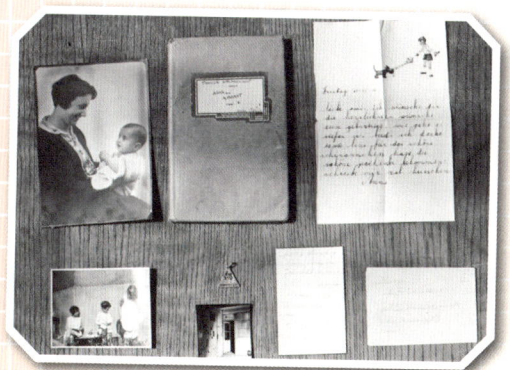

안네 프랑크의 유품들

안네의 일기의 배경이 되는 1942~1944년은 제2차 세계대전 중에 독일의 정치가이며 총통이었던 히틀러가 유대인을 탄압했던 시기이다. 그의 유대인 말살 정책으로 인해 약 600만 명의 유대인들이 강제 수용소의 가스실에서 죽임을 당했다.

토론왕 되기!

역사 속 오점으로 남은 과학, 우생학

우생학이라는 개념은 그리스어 '좋은 종자'라는 단어에서 유래되었다. 즉, 유전적 요소가 후손에 미치는 영향을 연구하고 특정한 종으로 개선하는 것을 목적으로 하는 유전학의 한 분야이다. 다윈의 사촌동생 갈톤이 정립한 우생학은 미래 인종의 신체를 건강하게 만들 수 있는 요인을 연구하는 학문이었다. 따라서 주로 결혼과 가족들의 사례를 연구하여 학문 체계를 확립하고 출생률을 관찰하여 유전 법칙을 연구하는 방향으로 발전되었다.

그러나 1933년 독일의 나치당이 집권한 이후 우생학은 흑인, 유태인, 동부 유럽인들을 인종적으로 구분하고 열등하게 여기는 정치적 운동으로 확대되었다. 1933년, 신체적·정신적 질환을 가진 사람을 대상으로 강제 불임을 시키는 법이 통과되어 1937년부터 나치당 집권 말기까지 약 35만 명의 유색 아동들이 생식능력을 제거 당했다. 독일 나치당의 우생학은 점점 극으로 치달아 독일 게르만 민족의 우월을 입증하기 위해 유대인 학살을 결정하기에 이른다. 그들은 눈에 보이는 유대인들을 닥치는 대로 잡아들여 수용소로 보냈다. 베를린에서는 수십 만 명의 유대인이, 프랑스에서는 1만 3천 명의 유대인이 수용소로 보내졌다. 네덜란드와 슬로바키아에서도 수많은 유대인들이 목숨을 잃었다. 당시 유럽에 살고 있던 약 천백여 만 명의 유대인들 가운데 절반이 넘는 600여 만 명의 유대인들이 학살되었다. 누구보다 자신들이 가장 뛰어나다는 생각이 불러온 비극이었다. 전쟁이 끝나고 독일은 정부 차원에서 나서서 보상을 하고 사과를 했지만 그 역사는 80여 년이 지난 지금까지도 여전히 많은 사람에게 큰 상처로 남아 있다.

미국에서도 우생학의 흔적이 남아 있다. 상업적 정자은행에서 일류 대학에 다니면서 훌륭한 외모를 가진 남성의 정자는 비싼 가격에 거래되고 있다. 노벨상 수상자의 정자와 우수한 지능의 여성의 유전 인자를 인공 수정시키는 일도 있다. 우수한 유전자를 후대에 남길 수 있다는 생각에 벌어진 일이다.

한 개인을 넘어 특정 인종이나 민족의 우수성과 열등함을 평가할 수 있을까? 그 기준은 과연 무엇일까? 과학이 순수한 지적 호기심에서 벗어나 정치적 야망이나 목적과 결합한다면 얼마나 참혹한 결과를 가져올 수 있는지는 이미 증명이 되었다. 우생학은 이미 역사 속 오점으로 남았다. 이러한 피해가 생겨난 원인과 결과를 외면하지 않고 철저히 분석하여 앞으로 모든 사람들을 위한 학문으로 발전시켜 나가는 것이 앞으로 과학계가 할 일일 것이다.

지구촌 관련 사이트

국가인권위원회 www.humanrights.go.kr
인권 관련 업무를 수행하는 국가인권위원회의 홈페이지입니다. 인권에 관련된 다양한 법규와 정책, 역사 속 인권 이야기를 만날 수 있어요. 전국 어디서나 국번 없이 1331을 누르면 전문 상담원과 인권 상담을 할 수 있답니다.

다누리 www.liveinkorea.kr
다문화가족을 위한 가족 교육, 상담, 문화 프로그램과 같은 서비스를 제공하는 단체의 홈페이지입니다. 결혼 이민자의 한국 사회 조기 적응 및 다문화가족의 안정적인 가족 생활을 위해 한국어 교육이나 가족 통합 교육 등 한국 생활에 대한 다양한 정보를 제공하고 있습니다.

외교부 www.mofa.go.kr
외교, 문화 협력 등 전반적으로 다른 나라와의 관계를 관장하는 국가 기관 외교부의 홈페이지입니다. 여행을 할 때 필요한 정보와 국제적인 뉴스를 볼 수 있으며, 특히 지역별 이슈 자료를 모아 놓아 다른 나라에서 벌어지고 있는 분쟁이나 협력 관계에 대한 정보를 한눈에 볼 수 있어요.

월드비전 www.worldvision.or.kr
월드비전은 한국 전쟁 때 전쟁 고아와 가족을 잃은 이들을 돕기 위해 설립되었으며 현재 전 세계 100여 개국에서 1억 명의 사람들을 돕는 세계 최대의 NGO 중 하나입니다. 지구촌 곳곳에서 가난과 전쟁으로 고통 받는 어린이, 가정, 지역 사회를 돕는 활동을 하고 있어요.

어려운 용어를 파헤치자!

가설 실제에 없는 것을 있다고 가정하는 것

건곤감리 태극기 모서리에 있는 4개의 기호

국기 한 국가를 상징하는 역사, 문화, 국민성 등을 일정한 형식으로 나타낸 깃발

국민 국가를 구성하는 일원

귀화 다른 나라의 국적을 얻어 그 국민이 됨

단일 민족 한 나라의 주민이 단일한 인종으로 구성되어 있는 민족

민족 특정 지역에서 오랜 시간에 걸쳐 함께 생활하면서 같은 언어를 쓰고 그들만의 문화를 만들어가는 집단

민주주의 국민이 권력을 가지고 행사하는 제도나 그러한 정치 사상

배척 거부하고 물리침

보이콧 부당한 행위에 대항하기 집단적으로 벌이는 거부 운동

부족 같은 계통의 언어와 문화를 가지고 있는 사회 집단으로 대부분 혈연으로 맺어진 가족 단위이다.

분쟁 분쟁은 언어, 종교, 경제, 정치 등의 차이를 가진 집단 사이에 일어나는 다툼

외세 외국의 세력

우생학 유전적 요소가 후손에 미치는 영향을 연구하고 특정한 종으로 개선하는 것을 목적으로 하는 유전학의 한 분야. 1933년 독일의 나치당이 집권한 이후 흑인, 유태인, 동부 유럽인들을 인종적으로 구분하고 열등시하는 정치적 운동에 악용되었다.

인권 사람이라면 마땅히 누리고 행사할 수 있는 자유와 권리

인종 인류를 신체적인 특성에 따라 구별한 집단

주권 국민이 국가를 다스릴 수 있는 권력

중재 분쟁을 하는 양쪽을 화해시킴

지구촌 지구 전체가 하나의 마을처럼 공동체를 이루고 있다는 뜻으로 일컫는 말

침해 해를 끼침

한민족 한국어를 공통으로 사용하며 한반도를 중심으로 공동의 문화권을 형성하고 있는 아시아계 민족

신나는 토론을 위한 맞춤 가이드

지구촌에 대한 이야기를 재미있게 읽었나요? 이제 지구촌에 관한 한 박사가 다 되었다고요? 그 전에 마지막 단계인 토론을 잊지 마세요. 토론을 잘하려면 올바른 지식과 다양한 정보가 바탕이 되어야 해요. 책을 다 읽고 친구 또는 부모님과 함께 신나게 토론해 봐요!

잠깐! 토론과 토의는 뭐가 다르지?

토론과 토의는 모두 어떤 문제를 해결하기 위해 의견을 나누는 일입니다. 하지만 주제와 형식이 조금씩 달라요. 토의는 여러 사람의 다양한 의견을 한데 모아 협동하는 일이, 토론은 논리적인 근거로 상대방을 설득하는 일이 중요합니다. 토의는 누군가를 설득하거나 이겨야 하는 것이 아니기 때문에 서로 협력해서 생각의 폭을 넓히고 좋은 결정을 내릴 때 필요해요. 반면 토론은 한 문제를 놓고 찬성과 반대로 나뉘어 서로 대립하는 과정을 거치지요. 넓은 의미에서 토론은 토의까지 포함하는 경우가 많습니다. 토론과 토의 모두 논리적으로 생각 체계를 세우고, 사고력과 창의성을 높이는 데 도움을 준답니다.

토론의 올바른 자세

말하는 사람
1. 자신의 말이 잘 전달되도록 또박또박 말해요.
2. 바닥이나 책상을 보지 말고 앞을 보고 말해요.
3. 상대방이 자신의 주장과 달라도 존중해 주어요.
4. 주어진 시간에만 말을 해요.
5. 할 말을 미리 간단히 적어 두면 좋아요.

듣는 사람
1. 상대방에게 집중하면서 어떤 말을 하는지 열심히 들어요.
2. 비스듬히 앉지 말고 단정한 자세를 해요.
3. 상대방이 말하는 중간에 끼어들지 않아요.
4. 다른 사람과 떠들거나 딴짓을 하지 않아요.
5. 상대방의 말을 적으며 자기 생각과 비교해 봐요.

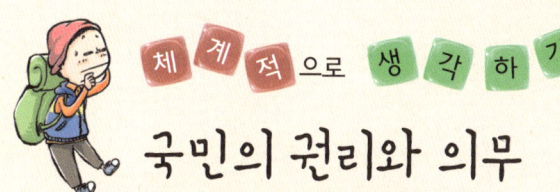

국민의 권리와 의무

누구나가 한 국가의 국민으로서 누릴 수 있는 권리와 지켜야 할 의무를 동시에 지닙니다. 대한민국 헌법 제2장(제10조~제39조)에는 대한민국 국민의 권리와 의무에 대해서 다음과 같이 규정되어 있습니다. 빈칸에 알맞은 설명을 여러 도서나 인터넷 검색을 통해 채워 봅시다.

권리
- 자유권 ❶
- 평등권 ❷
- 사회권 ❸
- 청구권 ❹
- 참정권 ❺

의무
- 국방의 의무 ❻
- 납세의 의무 ❼
- 교육의 의무 ❽
- 근로의 의무 ❾

체계적으로 생각하기 2
인종 갈등은 어떻게 막을 수 있을까?

인종 간 갈등은 여전히 전 세계 곳곳에서 일어나고 있어요. 특히 다양한 인종이 모여 사는 미국은 그 양상이 더 다양하게 나타납니다. 아래 기사를 읽고 함께 생각을 나누어 봅시다.

미국 댈러스 시에서 주유소를 운영하는 한인과 흑인 고객 간의 언쟁이 반한 감정으로 확산돼 충돌 위기감이 커지면서 급기야 경찰까지 동원되는 일이 벌어졌다.

댈러스 지역언론인 파이널콜에 따르면 이번 갈등은 지난해 12월 9일 남부 흑인 거주지역에서 주유소를 운영하는 40대 한인 박모 씨와 지역 이슬람교 단체 간부인 흑인 제프리 무함마드 씨가 벌인 말다툼에서 비롯됐다. 인근 다른 주유소보다 갤런당 30센트가량 비싼 것을 이유로 무함마드 씨가 5달러어치만 넣으라고 요구하자 박 씨가 "직불카드로 결제하려면 최소 10달러 이상 넣어야 한다"며 "다른 주유소로 가라"고 해 말다툼이 시작됐다. 무함마드 씨가 "당신이나 당신 나라로 가라"고 답하자 박 씨가 "그럼 당신은 아프리카로 가라"고 말했다는 것. 이 과정에서 박 씨가 자신을 '원숭이' '노예'라고 불렀다고 무함마드 씨는 주장했다.

인종차별을 받았다고 여긴 무함마드 씨는 지난해 12월 21일 흑인 주민들과 전미유색인종발전협회(NAACP) 회원들을 모아 주유소 옆에서 기자회견을 열고 불매운동을 벌였다. 급기야 박 씨의 신고를 받은 경찰이 시위대 강제 해산에 나섰고, 이 과정에서 일부 시위대가 다치자 흑인 시위대들이 다시 시청으로 몰려가 항의했다.

흑인 주민의 반한 감정이 심화되자 경찰은 주유소 인근에 폭동진압 경찰을 배치해 사태가 확산되지 않도록 대비하고 있다. 미주한인회총연합회 유○○ 회장은 28일 NAACP 측과 접촉해 원만한 해결을 위해 양측이 노력하기로 의견을 모았다. 이 지역의 다른 10개 주유소에는 직불카드로 결제 시 일정액수 이상 주유해야 한다는 규정이 없다고 파이널콜은 전했다.

동아일보 2012/01/30

1. 미국 댈러스 시에서 벌어진 한인과 흑인의 다툼은 어떻게 벌어졌나요?

2. 두 사람의 갈등에서 잘못된 태도가 있었다면 찾아서 적어봅시다.

3. 흑인 주민들의 반발이 거세지자 어떠한 노력들이 시도되었나요?

4. 여러분이 다른 나라 사람과 만났다고 상상해 봅시다. 상대방이 인종차별을 받는다고 느끼지 않기 위해 어떠한 태도를 취해야 할까요?

도서관 안 인종차별

다양한 인종이 모여 사는 미국에는 현재에도 크고 작은 인종 대립이 일어납니다. 아래 기사를 읽고 인종 갈등에 대한 여러분의 의견을 친구들과 함께 나누어 봅시다.

워싱턴에 위치한 두 도서관이 인종 갈등으로 고민하고 있다. 도서관 두 곳은 자동차로 5분도 안 걸릴 정도로 거리가 가깝다. 그러나 분위기는 천양지차다. 한 도서관은 백인 이용자가 90% 이상이다. 다른 도서관은 흑인과 히스패닉계 주민이 압도적으로 많이 이용한다.

백인들이 주로 이용하는 도서관은 도시 재개발이 진행되는 곳에 위치해 있다. 널찍한 내부 공간에 푹신한 소파에 시설도 최첨단이다. 저자 강연회가 자주 열리고 주말에는 도서관 야외에서 음악회가 펼쳐진다. 도서관 앞에는 고급 상점과 레스토랑들이 늘어섰다. 반면 흑인들이 주로 찾는 도서관은 30여 년 전에 지어졌다. 딱딱한 나무 의자에 도서 분류 시스템도 구식이다. 컴퓨터가 부족해 이용자들 사이에 언제나 경쟁이 치열하다. 도서관 앞에는 고급 레스토랑 대신 맥도널드가 있다.

그런데 최근 흑인들이 번잡한 자기 지역 도서관을 벗어나 백인이 주로 이용하는 도서관을 찾기 시작하면서 문제가 불거졌다. 백인 지역 도서관에는 작은 변화가 일어나기 시작했다. 벽에는 '뛰지 말라' '실내 정숙' 등 주의문이 붙었다. 공공 집기는 분실을 막기 위해 끈으로 묶어뒀다. 결정적 논란은 무제한이던 컴퓨터 이용시간을 2시간으로 제한하면서 벌어졌다.

흑인 이용자들이 발끈하고 나섰다. 흑인 이용 빈도가 높아지면서 컴퓨터 사용을 제한하는 것은 인종차별적이라는 주장이다. 도서관 측은 "인종차별적 의도는 전혀 없으며 도서관 이용자 증가에 대응하기 위한 것"이라고 해명하고 있다.

동아일보 2013/08/26

1. 도서관에서 인종 차별의 문제가 불거진 원인은 무엇인가요?

2. '인종차별적 의도는 전혀 없으며 도서관 이용자 증가에 대응하기 위한 것'이라는 도서관 측의 주장에 대해 어떻게 생각하나요? 친구들과 의견을 나누어 토론을 해 봅시다.

| 인종차별적 의도가 아니다 | VS | 인종차별적 의도다 |

3. 이 문제를 해결하는 방법에는 무엇이 있을지 생각해 봅시다.

나만의 국가를 만들어 봅시다.

다름이는 자기만의 다름국을 만들고 싶어했습니다. 만약 여러분이 나라를 세운다면 어떤 나라를 만들고 싶은가요? 여러분이 만들고 싶은 가상 나라의 이름과 국기, 국민의 의무와 권리 등을 설정해 보고 친구들과 나누어 보아요.

- 나라 이름:

- 나라 위치:

- 국민의 의무와 권리:

- 국기 모양

예시 답안

국민의 권리와 의무

1. 국가로부터 간섭을 받지 않고 행동하고 생각할 수 있는 권리
2. 성별, 종교 또는 사회적 신분에 의하여 차별받지 않을 권리
3. 인간답게 살 수 있도록 국가에 요구할 수 있는 권리
4. 국민이 국가에 어떤 일을 해달라고 하는 권리(재판을 받을 수 있는 권리가 여기에 속한다.)
5. 국민이 정치에 참여할 수 있는 권리
6. 나라를 지키는 의무
7. 국가를 운영하는 데 필요한 세금을 내는 의무
8. 일정한 교육을 받아야 하는 의무
9. 일을 해야 하는 의무

인종 갈등은 어떻게 막을 수 있을까?

1. 무함마드 씨가 박씨가 운영하는 주유소가 인근 다른 주유소보다 기름값이 비싼 것을 이유로 5달러어치만 넣으라고 요구했다. 그러자 박 씨가 직불카드로 결제하려면 최소 10달러 이상 넣어야 한다며 다른 주유소로 가라고 해 말다툼이 시작됐다.
2. 인종차별적인 말로 서로를 공격했다. 무함마드 씨는 박모 씨에게 "당신 나라로 가라"고 했고, 박모 씨는 무함마드 씨에게 "그럼 당신은 아프리카로 가라"고 말했다. 무함마드 씨의 주장에 따르면 박 씨가 자신을 '원숭이' '노예'라고 불렀다고 한다.
3. 미주한인회총연합회 유 회장은 전미유색인종발전협회(NAACP)과 연락해 원만한 해결을 위해 양측이 노력하기로 의견을 모았다.
4. 태도나 표정은 최대한 친절하게 하여 상대방이 오해하지 않도록 신경 쓴다. 화가 나는 일이 생기더라도 상대방의 외모나 나라에 대해 안 좋은 말은 삼간다.

도서관 안 인종차별

1. 백인들이 주로 이용하는 도서관에 흑인 이용자가 늘어나면서 벽에는 '뛰지 말라' '실내 정숙' 등 주의문이 붙었다. 공공 집기는 분실을 막기 위해 끈으로 묶어뒀다. 결정적 논란은 무제한이던 컴퓨터 이용시간을 2시간으로 제한하면서 벌어졌다.
2. **인종차별적 의도가 아니다:** 사용자가 늘어나면 당연히 도서관이 소란스러워지므로 주의문이 붙고, 물품 분실 위험이 커지므로 주의를 할 수밖에 없다. 또한 컴퓨터 대수도 한정되어 있으므로 이용에 제한을 둘 수밖에 없다.
   인종차별적 의도다: 흑인 이용자가 늘어나고서부터 도서관 측이 물품 분실이나 컴퓨터 이용 시간에 신경을 쓰는 것이 의도하지 않더라도 상대방이 인종차별을 느꼈다면 분명 피해를 준 것이다.
3. 흑인과 히스패닉계 주민이 사용하는 도서관의 시설과 주변 환경을 개선해 준다. 흑인 이용자들이 오해하지 않도록 변경된 도서관 시설 사용 내용을 이유와 함께 충분히 공지한다.

글쓴이 정유리
중앙대 대학원에서 아동문학을 전공했어요. 누구나 신 나게 놀다 갈 수 있는 동화 나라를 뚝딱뚝딱 만드는 꿈을 꾸고 있답니다. 지은 책으로는 『쿠쿠는 자고 싶어』, 『제멋대로 나대로』, 『실패의 전문가들』 등이 있어요.

그린이 최보윤
그림을 그리려고 지구로 유학을 와서 현재 만화·일러스트 작가이자 동화작가로 활동하고 있어요. 2010년에 보건복지부 웹툰 공모전 대상과 보건복지부 장관상을, 2013년에 KB창작동화제 대상을 받았어요. 그린 책으로는 『삼신할머니』, 『함께라서 좋아! 우리는 가족』 등이 있어요.

초등 융합 사회과학 토론왕 시리즈 ㉓ 시끌시끌 지구촌 민족 이야기

- 이 책에 실린 일부 내용은 《과학동아》, 《어린이과학동아》에 게재된 기사를 재인용하였습니다.
- 이 책에 실린 사진은 다음과 같이 기관으로부터 게재 허가를 받았습니다. (가나다 순)
  다만 출처를 잘못 알고 실은 사진이 있는 경우 해당 저작권자와 적법한 계약을 맺을 것입니다.

  위키피디아